宗教者ウィトゲンシュタイン

増補

星川啓慈

法蔵館文庫

本書は一九九〇年三月二五日に法藏館より刊行された
『宗教者ウィトゲンシュタイン』の増補版です。

はじめに

本書はウィトゲンシュタインの専門家や哲学を専門とする方々を念頭において書かれたものではない。一般の読者を対象に書かれている。そして、「宗教的人間」として彼を捉えることに専念し、ウィトゲンシュタイン自身のことばと、彼を知る人々の証言を中心にして、このことのみを論じた。

「ウィトゲンシュタインと宗教がどのように結びつくのか」という疑問をもたれる読者もいらっしゃると思う。これについて説明しておきたい。

ウィトゲンシュタインが、カトリック、プロテスタント、もしくはユダヤ教などの特定の信仰をもっていたかといえば、狭い意味では「否」であろう。彼の教え子であるガスキングとジャクソンは「ウィトゲンシュタインがいかなる習慣的意味においても宗教的人間でなかったことは、明らかだと思われる」と証言している。また、彼の後半生をよく知っていたマルコムは「私は、ウィトゲンシュタインが宗教的信仰をもっていたとか……宗教的な人間であったという印象を読者に与えようとするつもりはない」と記している。

しかしその反面、ガスキングたちは「ウィトゲンシュタインが信仰篤い人間……を尊敬しきっていた」と述べ、マルコムは「彼には、ある意味で、宗教を肯定する可能性があったと考えたい」と述べている。

そして何よりも、ウィトゲンシュタイン自身が、宗教について実に多くのことを述べているのである。たとえば彼は、教え子のドゥルーリーに「私はすべての問題を宗教的立場から見ないではいられない」と語ったり、オーストリアの僻地で教員をしていたときに、「私はキリスト教徒ではないが、福音の使徒だ」と周りの人々に話したりしている。

福音書のなかでは「マタイによる福音書」をもっとも好んだというウィトゲンシュタインの晩年の宗教的なことばを、おりにふれて書きつけた『反哲学的断章』(以下『断章』とも表記)から、アット・ランダムに引用してみよう。

(1)宗教は、いわば、もっとも深くにある静かな海底だ。海面でいかに波が逆巻こうと、その海底は静かなままである。(一九四六年)

(2)「知識は灰色」。だが、生と宗教は色どり豊かである。(一九四七年)

(3)生の問題は、表面においては解決できない。それは、深いところでしか解決できない。表面の次元では解決不可能である。(一九四八年)

(4)誠実な宗教思想家は、綱渡りをする人に似ている。一見、彼は空中を歩いているかのようだ。彼の地面は、およそ考えられるうちでもっとも痩せほそった地面なのだ。それなのに、その地面をほんとうに歩くことができるのである。(一九四八年)

本書で詳しく紹介するように、生きている間じゅう、ウィトゲンシュタインは神や霊や宗教について思索をめぐらしつづけていたのである。彼の周りにいた人々の証言や、彼自身のことばから判断して、広い意味で、ウィトゲンシュタインが「ホモ・レリギオースス」(宗教的人間)であったことにはなんらの疑念もない。

旧著を上梓してから三年後の一九九三年に、マルコムが出版した彼の最後の著作は『ウィトゲンシュタイン――一つの宗教的観点?』(邦訳タイトルは『ウィトゲンシュタインと宗教』)である。マルコムも、時の経過とともに、ウィトゲンシュタインにおける宗教の重要性に対する認識がますます深まったのであろう。

目次

文献略号一覧（タイトル・著者名などは邦訳文献にしたがう）

〈ウィトゲンシュタインの著作〉

(1)『論考』　坂井秀寿訳『論理哲学論考』（法政大学出版局、一九七六年）。
(2)『草稿』　奥雅博訳『草稿一九一四―一九一六』（大修館書店『ウィトゲンシュタイン全集』第一巻所収）。
(3)『ウィーン学団』　黒崎宏訳『ウィトゲンシュタインとウィーン学団』（同第五巻所収）。
(4)「講話」　杖下隆英訳「倫理学講話」（同第五巻所収）。
(5)「フレーザー」　杖下隆英訳「フレーザー『金枝篇』について」（同第六巻所収）。
(6)『確実性』　黒田亘訳『確実性の問題』（同第九巻所収）。
(7)「講義」　藤本隆志訳「宗教的信念についての講義」（同第十巻所収）。
(8)『断章』　丘澤静也訳『反哲学的断章』（青土社、一九八一年）。
(9)『哲学宗教日記』　鬼界彰夫訳（I・ゾマヴィラ編）『ウィトゲンシュタイン　哲学宗教日記』（講談社、二〇〇五年）。
(10)『秘密の日記』　丸山空大訳『ウィトゲンシュタイン　秘密の日記――第一次世界大戦と「論理哲学論考」』（春秋社、二〇一六年）。

〈それ以外のもの〉

(1)「手紙」　P・エンゲルマン『ウィトゲンシュタインからの手紙』(バージル・ブラックウェル、一九六七年)。

(2)「ルートヴィヒ」　中井久夫「ルートヴィヒ・ヴィトゲンシュタイン」(飯田真・中井久夫『天才の精神病理――科学的創造の秘密』中央公論社、一九七二年、所収)

(3)『思い出』　N・マルコム『ウィトゲンシュタイン――天才哲学者の思い出』(板坂元訳、講談社、一九七四年)。

(4)「小伝」　G・H・フォン・ライト(本書ではヴリクト)「ウィトゲンシュタイン小伝」(同上書、所収)。

(5)「教師」　D・E・T・ガスキング/A・C・ジャクソン「教師ウィトゲンシュタイン」(成田英明訳、『エピステーメー』一九七六年一〇月号、朝日出版社、所収)

(6)『ウィーン』　S・トゥールミン/A・ジャニク『ウィトゲンシュタインのウィーン』(藤村龍雄訳、TBSブリタニカ、一九八〇年)。

(7)『生涯と哲学』　黒崎宏『ウィトゲンシュタインの生涯と哲学』(勁草書房、一九八〇年)。

(8)『入門』　K・ヴフタール/A・ヒュブナー(本書ではヒュープナー)『ウィトゲンシュタイン入門』(寺中平治訳、大修館書店、一九八一年)。

(9)「わが弟」　H・ウィトゲンシュタイン「わが弟ルートヴィヒ」(R・リース編『ウィトゲ

ンシュタインの追憶』オックスフォード大学出版局、一九八四年、所収)。
(10)「個人的回想」 F・パスカル「ウィトゲンシュタイン——個人的回想」(同上書、所収)。
(11)「対話」 M・O'C・ドゥルーリー「ウィトゲンシュタインとの対話抄録」および「ウィトゲンシュタインとの対話」(同上書、所収)。
(12)「追記」 R・リース「追記」(同上書、所収)。
(13)『小事典』 山本信・黒崎宏編『ウィトゲンシュタイン小事典』(大修館書店、一九八七年)。
(14)『評伝』 B・マクギネス『ウィトゲンシュタイン評伝』(藤本隆志ほか訳、法政大学出版局、一九九四年)。
(15)『ウィトゲンシュタイン』 R・モンク『ウィトゲンシュタイン(1・2)』(岡田正勝訳、みすず書房、一九九四年)。
(16)「隠された意味へ」 鬼界彰夫「隠された意味へ——ウィトゲンシュタイン『哲学宗教日記』訳者解説」(『ウィトゲンシュタイン 哲学宗教日記』鬼界彰夫訳、講談社、二〇〇五年、所収)。

増補　宗教者ウィトゲンシュタイン

凡　例

(1)本書に引用した文章中の〔　〕は、原文にない語句を筆者が補ったものである。

(2)引用した邦訳書の文章には、用字と読点の打ち方を変更した部分がある。また、原典にあたって変更した部分もある。

(3)文脈に応じて、「傍点原著者」／「傍点引用者」と明記している。何も記されていないときは「傍点原著者」である。

(4)掲載図版の多くは、M. Nedo and M. Ranchetti, *Ludwig Wittgenstein: Sein Leben in Bildern und Texten*, Suhrkamp, 1983. を出典とする。それらの図版はキャプションに（*L.W.*）と略号化して出典を明記した。

第一章　ウィトゲンシュタインの生涯

一　カトリック様式による埋葬

二十世紀最大の哲学者の一人、ケンブリッジ大学のバートランド・ラッセルは、ウィトゲンシュタインについて以下のように述べている。

情熱的で、鋭い洞察力をもち、物事に没頭する、支配的な天才。ウィトゲンシュタインは、私が知っている天才のおそらくもっとも完全な例である。G・E・ムーアを例外として、ウィトゲンシュタインは、私の知るかぎり誰ももっていない純粋さをもっていた。(『自叙伝』)

ウィトゲンシュタインと出会ったことは、私の生涯でもっとも刺激的な知的冒険の一つであった。……彼の思想は、信じられないほど情熱的で鋭い洞察力をもっていて、

私は心から驚嘆した。（『マインド』一九五一年）

彗星のように哲学界に登場し、また彗星のごとく消え去って、二十世紀の哲学の流れを大きく動かしたウィトゲンシュタインは、一八八九年四月二六日、ウィーンに生まれ、一九五一年四月二九日、ケンブリッジの町はずれにある医師ベヴァンの家で、六十二年の生涯を終えた。

死の数週間まえ、かつての教え子で医師であるドゥルーリーがウィトゲンシュタインを見舞ったところ、彼は次のように語ったという。

私は長く生きられないことを知っているにもかかわらず、「来世での生」を考えている自分を意識したことがない。これはおかしなことではないか。すべての関心は依然として、この世での生と、まだなしうる著述にある。（「対話」）

ドゥルーリーと別れるとき、ウィトゲンシュタインは「ドゥルーリー、どんなことがあっても、考えることだけは止めないように！」といった。これが彼の聞いた最後のことばである。

ウィトゲンシュタインが死の前日、意識を失うまえに、最後にベヴァン夫人に語ったことばは、「僕の人生はすばらしかった、とみんなにいって下さい」というものだ。彼の遺体はケンブリッジの小さな共同墓地、セント・ジャイルズ共同墓地（現在はアセンション教会区墓地）に、カトリックの様式で葬られた。このいきさつについて述べておこう。

ウィトゲンシュタインが危篤状態になったとき、アンスコムを始めとして何人かの弟子や知人が、ベヴァン医師の家に集まってきた。彼らが集まったときには、ウィトゲンシュタインの意識はすでになかった。それゆえ、彼の死にさいして何をどうすべきかについて、皆迷っていた。そこにドゥルーリーがダブリンから駆けつけてきた。彼は、ウィトゲンシュタインが「カトリックの友人たちが自分のために祈ることを希望している」といっていたことを思い出した。そこで、「ともあれ、通常なされるべきことをしよう」と提案した。全員がウィトゲンシュタインのいる部屋に上がっていき、跪き、ウィトゲンシュタインの

アセンション教会区墓地（当時はセント・ジャイルズ共同墓地）にあるウィトゲンシュタインの墓石。そこには「ルートヴィヒ・ウィトゲンシュタイン1889-1951」とのみ記されている。1984年、ここを訪ねた筆者に、墓守は「まるでウィトゲンシュタイン自身のような〔簡素な〕墓だ」と語った。写真の墓石（2015年、渡辺氏撮影）はきれいに掃除されているが、2014年に筆者が訪れたときの模様は「ウィトゲンシュタインの墓を訪ねて」（YouTube）として記録している。

知人であるドミニコ会の司祭が祈りをささげた。そのあとすぐ、ベヴァン医師が、ウィトゲンシュタインの死を告げたのである。

葬儀をどういう方法でとり行なうかについては、誰も意見をいおうとしなかった。そこでまた、ドゥルーリーが、かつてウィトゲンシュタインが彼に語ったことを思い出した。トルストイの兄が死んだとき、トルストイは当時ロシア正教会のきびしい批判者であったにもかかわらず、教区の司祭を呼びにやり、正教会の儀式にしたがって兄を埋葬した。このことを、ウィトゲンシュタインはドゥルーリーに話し、「これこそ、同じような場合に、私がすべきことだ」といったのである。ドゥルーリーはこの話を臨終にいあわせた人々に語り、その結果、ウィトゲンシュタインはカトリックの様式で葬られることになったのである。けれども、ドゥルーリーは「この処置が正しかったかどうか」それ以来ずっと悩みつづけることになる。というのは、ウィトゲンシュタインはカトリックに対して非常に批判的だったからだ。

さて、本当にウィトゲンシュタインは「すばらしい」人生を送ったのだろうか。これについて、彼にロシア語を教えたパスカル夫人は、「〔哲学者としての〕ウィトゲンシュタインの生涯が〔人類の〕一つの達成であったことは、知っています。しかし、私は、彼は痛ましい人であったと思います」と記している。

さらに、彼の高弟で友人でもあり、『ウィトゲンシュタイン——天才哲学者の思い出』を著わしたマルコムは、彼の死をめぐって次のように語っている。

> みんなとは、きっと自分の親しい友達のことを指していたのだろう。彼の底しれないペシミズム、たえず持ちつづけた道義的な苦しみ、冷酷なまでにきびしく自分を追いつめていった知識への情熱、そして愛情を必要としながらも、愛情を遠ざける結果となった他人に対するきびしさ、といった彼の人となりに思いをいたすとき、ウィトゲンシュタインの人生はひどく不幸なものだった、と私は考えたくなる。けれども、その生涯の終わりに、彼自身は「すばらしい人生だった！」と叫んだ。私には、このことばは不可解である。けれどもそれはまた、不思議にも人を感動にさそい込む響きを持っていることばでもある。

ウィトゲンシュタインの死については、人それぞれ思うところがあるにちがいない。しかし、マルコムがいうように、「僕の人生はすばらしかった、とみんなにいって下さい」ということばは、その人生が傍からみて必ずしも幸福なものとはみえなかったがゆえに、かえって不思議に人の心を動かすものをもっている。

二　音楽と自殺

ルートヴィヒ・ヨーゼフ・ヨハン・ウィトゲンシュタインは、一八八九年四月二六日にウィーンで生まれた。ウィトゲンシュタイン家はユダヤ系で、祖父の代にライプツィヒからオーストリアへ移住した。ルートヴィヒの祖父ヘルマンはユダヤ教からプロテスタントに改宗した。父親カールは、オーストリア鉄鋼業界の中心的人物であり、彼のおかげで、ウィトゲンシュタイン家はオーストリアにおいて、アメリカのカーネギー、ドイツのクルップに比すべき存在となった。けれども、一家の長としてのカールは、家庭では権力をふるい、圧制的で、家族には近寄りがたかった。また、ルートヴィヒの母レオポルディーネ（ユダヤ系ともいわれている）はローマン・カトリックの信者であり、そのために彼はカトリック教会で洗礼を受けている。

父親カールの人となりは、人間ウィトゲンシュタインを理解するうえで重要である。カールが実業界で成功の頂点をきわめたのは、もちろんその才能によるところが大きい。しかしまた、彼は異常なまでに働いた。昼も夜も休むことなく、その人生のほとんどを費して働いたのである。自分の仕事に対する献身ぶりと、その厳格なプロテスタント的倫理感とを考えあわせると、彼のうちに、マックス・ウェーバーの「プロテスタンティズムの倫理」の典型的な例をみることができる。こうした気質はまた、ウィトゲンシュタイン家の全員にみられる。たとえば、右腕を失いながらも、左腕一本でピアニストとして成功した兄パウルにみられるような、固い決心と厳しい訓練に耐える我慢づよさ。また、ルートヴィヒ自身の、何事にも全身全霊をあげて打ち込む生き方。こうした気質は、彼らが、父親のカールから受け継いだところが大きい。

ウィトゲンシュタイン家と音楽は深いかかわりをもっている。父カールの姉と妹はそれぞれブラームスとシュトックハウゼンという大作曲家に学び、著名なヴァイオリニストのヨーゼフ・ヨアヒムはカールの遠縁にあたる。また、カール自身は、本領は技術者・財政家・実業家であったとはいえ、かつてアメリカのクリスチャン・ブラザース学校で、数学・ギリシア語・ラテン語のほかに、ホルンとヴァイオリンの授業を担当した経歴ももつ。ルートヴィヒの母親もまた音楽的教養が深く、ピアニストである彼女はどんな曲でも初見で演奏することができた。カールと知り合ったのも、音楽会においてであった。

このように、富裕で文化的な雰囲気につつまれたウィトゲンシュタイン邸は、ウィーンの音楽家たちの集うサロンだった。マーラー、ブラームス、ブルーノ・ワルター、クララ・シューマン、パブロ・カザルスなどの著名な音楽家たちが、しばしばウィトゲンシュタイン邸を訪れた。ラヴェル、プロコフィエフ、リヒャルト・シュトラウスらの作曲家たちは、戦争で片手をうしなったルートヴィヒの兄パウルに、左手だけで演奏できるピアノ曲を書いている。こうした雰囲気のなかで育てられたウィトゲンシュタイン家の子供たちは、当然のことながら、みな音楽の天分を発揮した。パウル以外にも、長男ハンスはいくつもの楽器をこなし、三男クルトはチェロを弾いた。

兄姉たちと同じく、ルートヴィヒ自身も音楽の才能に恵まれていた。彼は後年クラリネットを吹き、ある時期にはオーケストラの指揮者を志したこともあった。ルートヴィヒと直接交流があり、「ウィトゲンシュタイン小伝」を書いたフォン・ヴリクト（以下「ヴリクト」と略記）によれば、「口笛でコンチェルトを全曲吹き、伴奏のオーケストラのパートだけ口笛を止めて、聞き手にメロディーを口まねで聞かせるというやり方の独演を聴くのは、大変楽しいものだった」。

また、画家のグスタフ・クリムトたち前衛芸術家が、ウィーン・アカデミーから離れて「分離派」を創設したとき、彼らは経済的基盤をウィトゲンシュタイン家に求めたし、詩人のトラクルやリルケなどはルートヴィヒから資金援助をえている。ウィトゲンシュタイン家がなかったとしたら、現代芸術の様相は今とはいささか異なっていたにちがいない。

以上のような華やかな雰囲気とはある面で対照的なことだが、ウィトゲンシュタイン家からは自殺者が多く出ている。これは生涯、ルートヴィヒに暗い影をおとしていたであろう。また、彼自身もその生涯において何度も「自殺したい」旨を書き残している。彼は八人兄弟の末っ子として生まれた。兄四人、姉三人である。長男ハンスは、執拗に自分の跡を継がせようとする父親との対立が原因で北アメリカに行き、一九〇二年に行方不明となり、自殺した。次男ルドルフも、一九〇四年にベルリンで青酸化合物をのんで自殺し、三男のクルトも、第一次世界大戦（以下「第一次大戦」とも表記）が終わろうとする一九一八年一〇月、イタリア戦線でピストル自殺した。かろうじて四男のパウルだけが、前述のように、片腕のピアニストとして有名になったのである。

友人デイヴィッド・ピンセント（一九一八年、事故死）が、日記に「ウィトゲンシュタインは私に、おりにふれて自殺の可能性について考えない日はほとんどなかった、と話した」と書きつけているように、ウィトゲンシュタインは若いころ、「自殺」という考えにつきまとわれていた。また一九二〇年には、友人パウル・エンゲルマンにあてて、「最近、何もかもがまったく悲惨なありさまになってしまいました。もちろんそれは、たんに私が下劣で腐っているからです。今までずっと自分で自分の命を断つことを考えてきたし、今でもそれが頭から離れません。私はどん底まで落ちてしまいました」と書き送っている（第六章参照）。

ウィトゲンシュタインが自殺そのものについてどう考えていたかといえば、彼は「自殺は絶対に許されない」と語っている。それは、『草稿一九一四―一九一六』（以下『草稿』とも表記）の最後の書付となった。

自殺が許される場合は、すべてが許される。

何かが許されない場合には、自殺は許されない。

このことは倫理の本質を明らかにする。というのも、自殺はいわば基本的な罪だから。（一九一七年一月一〇日）

兄たちとは異なり、三人の姉からは自殺者は出ていない。三人の姉とは、上からヘルミーネ、ヘレーネ、マルガレーテである。ヘルミーネは、才能に恵まれた画家であり、クリムトに熱中した。マルガレーテは輝かしい知性の持ち主であり、既成の古典しか価値の認められなかった時代に、イプセンのモダニズムに没頭したり、哲学や社会科学の書物にも興味を示したり、フロイトの親友になったりもした。ルートヴィヒにショーペンハウエル、キェルケゴール、ワイニンガーの著作を紹介したのは彼女である。

三　数学から哲学へ

ウィトゲンシュタインは十四歳までは家庭で教育をうけた。そして、一九〇三年の夏休み明けから三年間は、リンツのオーストリア＝ハンガリー帝国国立高等実科学校で学んでいる。この実科学校は、同い歳であったあのアドルフ・ヒットラーが、彼の入学の年の夏休み前に去ったといわれる学校である。学校では、工作はできたものの、優等生というわけではなく、一九〇三―〇四年にかけての第二学期には百二十四回、一年後にはさらに四百二十五回も休んでいる。クラスの仲間と比べて育ちもよく、みなりもきちんとしていたウィトゲンシュタインは、彼らには「よその世界から突然舞い込んできた」ようにみえ、彼らの嘲笑をかった。たとえば、彼は「あなた」と呼びかけられるのを望み、同級生には「～さん」と話しかけたのである。

幼少期のウィトゲンシュタイン。富裕な家庭の子供であることがうかがわれる。(*L.W.*)

この実科学校を卒業するころのウィトゲンシュタインの志望は、ベルリンでボルツマン（物理学者）の弟子になって物理学を勉強することであったらしい。けれどもボルツマンは、ウィトゲンシュタインが卒業する一九〇六年に自殺してしまったので、彼はベルリンのシャルロッテンブルクにある工科大学に入学した。この工科大学に入学したのは、さきの実科学校で飛行機の組み立てに興味をもっていたためだろう。彼は生涯をつうじて、機械にひじょうな興味をいだいていた。子供のとき、ミシンを組み立てて周りを驚かせたり、成人になっても、機械が故障したときなどに修理の腕をふるったといった逸話はいろいろと残っている。

ここで注意すべきは、ウィトゲンシュタインの受けた工学教育の内容である。アメリカやイギリスでの工学教育が実際的な側面を重視していたのに対して、一九〇〇年ころのチューリッヒ、ベルリン、ウィーンなどにおいては、第一級の技術者に要求された基礎的知識は、理論物理学（とくにニュートン力学）を理路整然と完全に理解することであった。したがって、ウィトゲンシュタインのような学生は、数学を物理学への応用との関係で理論的に正しく理解することを要求された。彼がすぐれた物理学者のヘルツやボルツマンに言及していることも、ヨーロッパ大陸で彼の受けた、理論的側面を重視する工学教育と深い関連がある。

ウィトゲンシュタインは一九〇八年春までベルリンにいて、その後イギリスに渡った。夏には、ダービーシャーにある上層気象観測所で、凧をもちいた航空工学上の実験をしている。秋には、マンチェスター大学工学部に特別研究生として入学した。ときどきヨーロッパ大陸を訪れたものの、一九一一年の秋までは主としてここに滞在した。この三年間、ウィトゲンシュタインは航空工学の研究に専念している。その内容は、エンジンの研究、先端にジェット噴射口をもつプロペラの研究、ジェット燃焼室の設計、プロペラの設計などであった。プロペラの設計といっても、主に数学上の計算を行なう仕事であった。ウィトゲンシュタインの関心が純粋数学に、そしてやがて数学基礎論に向かっていったのはこのときからである。

そのころの「技術者」としてのウィトゲンシュタインの優秀さを証明する事例を一つだけ紹介しよう。「オートジャイロ」というヘリコプターと飛行機の中間のような乗り物がある。これは太平洋戦争のさいに日本軍も使用した航空機である。彼は「先端にジェット噴射口〔ティップ・ジェット〕をもつプロペラ」を考案し、なんと特許までとったらしい。ティップ・ジェットにより、プロペラの回転は格段に速くなるというわけだ。その時は実用化にはいたらなかったが、一九五〇年代の終わりに「フェアリー・ロートダイン」という航空機にティップ・ジェットが搭載され、実用化されるにいたった。

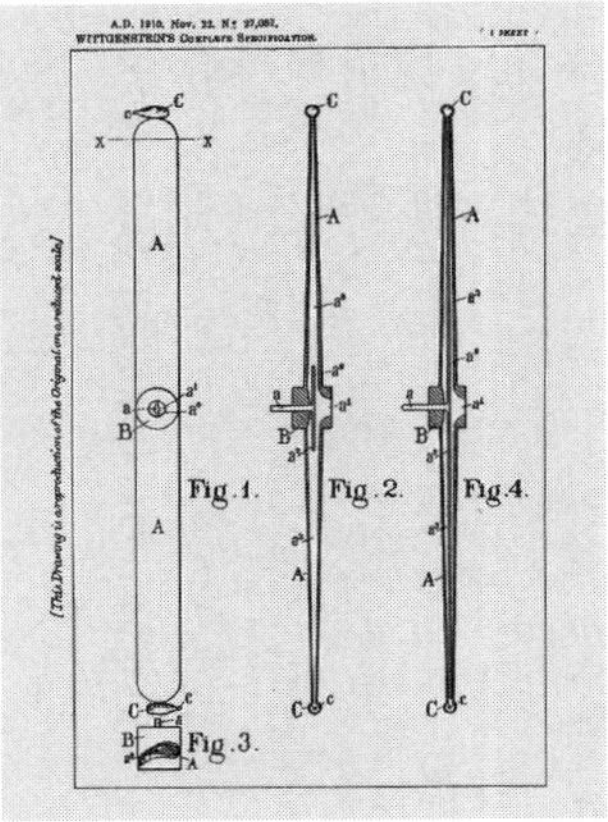

1911年、22歳のウィトゲンシュタインが取得した特許にある図。a^1から取り込まれた空気が燃料と混合され、翼端C（ティップ・ジェット）から排出される。とくに「プロペラ中央から空気を取り込み、プロペラ自体が回転して発生する遠心力を用いることで混合気を圧縮するという構想が特徴的であった」そうだ（Nagazu-monologue 参照）。（*L. W.*）

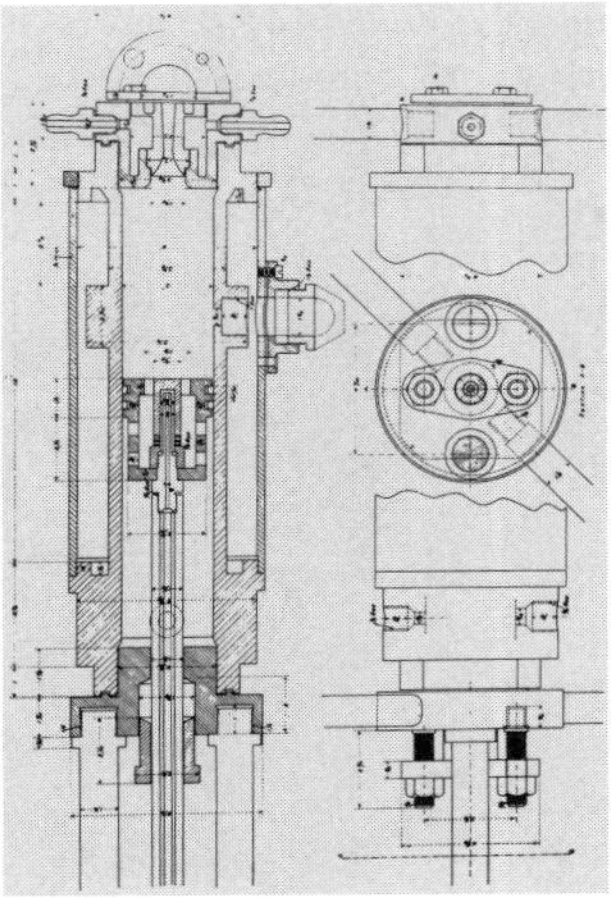

可変燃焼室の設計図。こういう緻密な設計図を描けるウィトゲンシュタインは、やはり「工学者」としても優れていたのだろう。だが、20歳代の前半から工学的な研究から離れていくようになる。（*L. W.*）

一九〇六年ころから一二年ころまでのウィトゲンシュタインの青春は、生涯打ち込むべきものを模索した時期であった。この時期はたえず苦悩にとらわれていたが、ついに彼の天職である哲学と出会うことになる。

伝えられているところでは、ウィトゲンシュタインが数学基礎論についての文献をだれかに尋ねたところ、ラッセルの『数学の原理』を勧められた。これがきっかけとなり、ラッセルをへて、『算術の基礎』などを著わして現代の論理学・哲学に多大な影響を与えたフレーゲの論理学・哲学を勉強するようになった。そこで、ウィトゲンシュタインは一九一一年秋には工学の勉強を打ち切り、フレーゲに会うためドイツに渡った。しかし、フレーゲは、ケンブリッジ大学に進んでラッセルに就いて学ぶよう、助言した。

このころから、哲学に対する興味がでてきたようである。このことについて、「わが弟ルートヴィヒ」を書いた姉ヘルミーネのことばを紹介しておこう。

突然、哲学（でなければ、哲学的問題に思索をめぐらすこと）が、あの子の心を捉えました。それは自身の意図にはまったく反していたので、あの子は矛盾する使命の下で大いに苦しみ、自己分裂をおこしたようでした。それからの人生でもあの子は多くの変遷を経験しますが、これはその最初のものでした。それは、あの子の全存在を揺るがしたのです。

四　ケンブリッジへ

一九一二年の二月に、ウィトゲンシュタインはトリニティー・カレッジに入学を許可され、ケンブリッジ大学に籍をおくようになった。彼はラッセルと親密に話しあうようにな り、ラッセルはウィトゲンシュタインの天賦の才能に感銘をおぼえるようになった。このときのエピソードを、ラッセルは以下のように回想している。

トリニティーにおける最初の学期の終わりに、ウィトゲンシュタインは私のところにやって来て、「自分が完全なバカ者かどうか教えて下さい」といった。私は「なぜ君はそんなことを知りたいのかね」と尋ねた。彼は「もし私がバカ者だったらパイロットになるし、もしそうでないなら哲学者になるつもりですから」と答えた。私は彼に「ねえ君、君が完全なバカ者かそれともそうでないかは知らないよ。でも夏休みの間に、なにか君の興味のある哲学上のテーマについて論文を書いてくるつもりならば、それを読んで、そのことを君にいってあげよう」といった。次の学期の始めの頃、ウィトゲンシュタインは論文を書いて、もって来た。私は冒頭の文を読んですぐに、彼が天才的な人間だと確信し、いかなる場合でもパイロットになってはならない、といい聞かせた。(『自叙伝』)

当時のケンブリッジ大学は、多くの優れた学者を擁していた。たとえば、「観念論の論駁」で英国のヘーゲル主義的観念論を批判し、さらに『倫理学原理』によって分析的倫理学を創始したムーア。論理主義の数学として知られている立場を一応完成したことで、論理学史上画期的な著作となった『数学原理』を著わしたラッセルとホワイトヘッド。のちに、『雇用・利子および貨幣の一般理論』などを著わし、マクロ経済学を確立して、「ケインズ革命」を引き起こしたケインズなどである。ウィトゲンシュタインはこういった人々と、さらにはハーディー(数学者)、ジョンソン(論理学者)などと交際があった。

ケンブリッジにおける初期のウィトゲンシュタインの研究テーマは、ラッセルやフレーゲの扱っていた問題と領域が重なっていた。命題関数・変項・一般性・同一性などの問題にとりくんでいたのである。そこから、彼はいわゆる「真理関数」を表記する新しいシステムを発見した(第三章参照)。

ケンブリッジでの生活を送りながら、ウィトゲンシュタインは一九一三年秋のはじめに、若い数学者ピンセントとノルウェーを訪れた。そしていったんイギリスに帰ったあと、ふたたび一人でノルウェーに引き返して、ベルゲン北東のショルデンに住みついた。一九一四年に第一次世界大戦が勃発するまでのほとんどを、彼はここで過ごしている。ノルウエーの土地と人をこよなく愛し、ノルウェー語をかなり話せるようになった彼は、ショルデンの近くに、完全に世間から隔絶した生活が送れるようにと、自分の「小屋」――「小屋」と呼ばれているが、実際には日本の中型住宅に匹敵する――を建てた。彼の前期の代表作『論理哲学論考』（以下『論考』とも表記）の執筆へのスタートを切るべく、その準備にはいったのかもしれない。

やがて第一次世界大戦が勃発すると、ウィトゲンシュタインはいちはやく入隊を志願する。この大戦は、第二章と第四章でくわしく述べるように、「宗教者」ウィトゲンシュタインを考える場合にきわめて重要な意味をもつ。

ソグネフィヨルドの最奥よりも奥にある湖（エツワネット）の崖の上の「小屋」。第1次世界大戦に従軍する1914年に建てられた。その後、小屋は、そのままの形ではないが、街中に移築された。1971年にショルデンを訪れた黒崎宏は、湖畔から小屋跡の基礎の石組みを見て、次のように語っている――「見たとたん、私は全く〈凄い〉と思った。そして私は、ウィトゲンシュタインの壮絶な生き方の一端にふれた思いがした。人里離れた所に住むとはいえ、これほど無遠慮に他人の接近を拒絶できる場所は、そう多くはあり得ないであろう」。(*L.W.*)

「小屋」が復元される前の石組みの基礎の上から、ショルデンの街中を望む。小屋にいるとき、ウィトゲンシュタインが毎日みていた風景。もちろん、季節によって相貌を変える。写真の下にみえる石は基礎の一部。

上の写真および『ウィトゲンシュタインのノルウェー』（YouTube）では、小屋の石組みの基礎しかみられないが、その後、保存されていた当時の小屋の材料を使用して、2019年に復元された。（The Wittgenstein Foundation in Skjolden の HP より）

展望地点から、ショルデンの中心部を望む。右奥にみえるのが、ノルウェー最大のフィヨルド「ソグネフィヨルド」の最奥部分。左下にみえるのが、小屋のあった湖「エツワネット」。

五　第一次世界大戦の後

一九一九年夏、捕虜となっていたウィトゲンシュタインは、復員してウィーンに帰ってきた。一九一八年八月に休暇でウィーンにいたとき『論理哲学論考』を完成させていたのであるが、その「序文」で、彼は次のように述べている。

ここで述べられている思想の真理性は、侵害しえず決定的と思われる。それゆえ、私はさまざまな問題をその本質において究極的に解決したつもりである。

この著作の後、彼にはもはや哲学でなすべき仕事は残っていないようにみえた。このことに関連して、数年後になるが、オーストリアのプーフベルクで小学校の教員をしていたとき、ケインズにあてて次のようにしたためている。

私には学問的な仕事はもうできません。なぜなら、私自身そのような仕事をしようという強い内的衝動を、もはや全く持っていないからです。私が実際に言わねばならないことは、すべて言ってしまいました。それゆえ、泉は涸れ果てたのです。（一九二四年七月、傍点引用者）。

『論考』において「さまざまな問題をその本質において究極的に解決し」、「言わねばならないことは、すべて言ってしまった」ウィトゲンシュタインは、哲学的思索や研究をすくなくとも表面上は止めてしまい、仕事を他に求めることになる。

さらに、ウィトゲンシュタインはウィーンに帰るとすぐに自分の財産を処分する。兄のパウルと姉のヘルミーネ、ヘレーネに譲ってしまうのである。彼自身は無一文となり、それ以後、死ぬまで質素な生活を送ることになる（実際には、いざというとき彼が使えるように全額が保管されていたが、彼自身はそのことを知らなかった）。これにはさまざまな理由が考えられる。『論考』で世界について透徹した認識を得たウィトゲンシュタインは、「世界の内にはいかなる価値も存在しない」ことを悟った（第三章参照）。だとすれば、金や社会的地位といった世俗的なものに対する執着は当然なくなるだろう。また、第一次大戦従軍中に出会ったトルストイの影響（第二章参照）、つまり「生活は質素であるべきだ」という教訓とも大いに関係があろう。いずれにせよ、彼にとって財産は不要なものであり、精神的な重荷となった。それから自由になろうとして、兄姉に自分の財産を譲ったと推測できる。

このころ、ウィトゲンシュタインは小学校の教師を志して、一九一九年秋から二〇年夏まで、ウィーンにある教員養成所で教育を受ける。これには、大戦の終わりに捕虜収容所で知りあったカトリックの中学校教師ヘンゼルたちとの交際が、大きく影響しているよう

クロスターノイブルクの修道院。1920年7月ころ、ここで「庭師の助手」として働き始めた旨を、エンゲルマンに書き送っている。(*L.W.*)

だ。そして、教員養成所を終了したあとの夏休みには、ウィーン近郊のクロスターノイブルクの修道院で庭師の助手をつとめ、秋から一九二六年四月までおよそ六年にわたって、低オーストリアの僻地にあるいくつかの小学校に勤めることになる。

　姉のヘルミーネをして「生まれながらの教師」といわしめたウィトゲンシュタインは、熱心に子供たちを教えた。周到に授業の準備をし、終わりの時間がきても止めないことも多かった。しかしながら、その授業計画は当時の指導書をまったく無視して、彼独自の判断によって立てられていた。彼の授業はいつもアイデアに満ちていた。たとえば、太陽・時計・ステッキを利用して、緯度の測定をしたり木の高さを計算したり、星の明るい夜には、適当な観測地点で天文学の講義を一席ぶったりした。また、よく子供たちと一緒にハイキングをしたり、何マイルもの山道を大きなリュックサックで果物を運び、飢えで苦しんでいた子供たちに食べさせたこともある。

　さらに、トラッテンバッハに勤めていたとき、ウィトゲンシュタインはカトリックの司祭であるノイルーラーと親しくなった。彼がウィトゲンシュタインに、トラッテンバッハでももっとも貧しいトゥラート家の人々を紹介したところ、ウィトゲンシュタインは彼らを深く敬愛し、三十分もかけて山を登り、昼食を彼らとともにとった。彼はトゥラート家の人々の敬虔な信仰にうたれたのである。

ウィトゲンシュタインの後期哲学を理解するうえで重要であり、この時期の特筆すべきことの一つに、子供たちのためにドイツ語の辞書を作ったということがある。これは画期的な編集方針をとっている。つまり、語順をアルファベット順にするという原則や、派生語は幹語に付加するといった従来の原則に盲目的にはしたがわず、この両者を考慮しながらも、使用するさいの便利さやことばを実際に学ぶうえでの自然さに配慮して、語順を決定していったのである。さらにときおり、その地方の方言を引き合いに出して、意味や正書法の説明がなされている。この辞書は一九二六年に『小学校のための辞書』として出版された。

ウィトゲンシュタインは役所に対してこの辞書がどういうものであるかを説明したが、そのなかで、「ことばをアルファベット順にならべるという、一つの硬直した原理に固執するようなことは、それがどのようなものであれなすべきではない」、「この辞書の語順の決定は多種多様な視点からなされている」旨を書いている。これは前期ウィトゲンシュタインと後期ウィトゲンシュタインの相違を反映しているといえる。いいかえれば、彼は小学校で児童にことばを教えこむことや辞書をつくることで、後期哲学の着想をえたのである。

すなわち、こういうことだ。前期ウィトゲンシュタインの言語哲学は、「言語はいかにして現実を写しとるか」という点に考察を集中している（第三章参照）。要するに、言語の機能は現実を写しとることのみにある、と考えていたのである。しかし、後期ウィトゲンシュタインの言語哲学では、言語の機能の多様さが強調されており、それについてさまざまな視点から考察が加えられている。彼が「一つの硬直した原理」を追求することから、「多種多様な視点」を持つようになったのは、小学校教師の時代の経験によるところが大きいのである。

教育者としてのすぐれた資質を物語る右のようなエピソードは数多い。しかし反面、彼は厳格な教師でもあった。容赦なく平手うちをしたり、耳をひっぱったり、頭をガツンとやったりした。また、ひどいことばを浴びせたり、髪の毛をつかんだりもした。しかし、後になって自分の与えた罰があまりにも過酷だとか不適当と思われた場合には、子供たちに赦しを乞うのをいとわなかった。

子供たちは授業が終わっても、家に帰るよりはウィトゲンシュタインと一緒にいることを望んだが、貧しい農家にとって、これは労働力を奪われることを意味した。また彼は、保守的な農村の人々にとっては、自分たちのようにカトリックでない不信心な人間、自分たちにとってはありがたくない進歩主義的教育の推進者などと見られていた。だから、小学校教員という仕事は、都会からはなれたところで生活するという彼の念願にはかなっていたものの、周囲の人々とはたえず軋轢が生じていたようである。最後の赴任地オッタータールでは、躾けにきびしい彼のおこなった体罰が原因で、父兄から排斥され、裁判沙汰にまで発展した。また、自分の努力に真に見合った成果がえられているかどうかに疑問が生じたこととあいまって、ついに辞職してしまい、二度と小学校の教師になることはなかった。

ウィトゲンシュタインは、打ちのめされ、教員としての生活に絶望感をいだいて、将来に対する計画もないままにウィーンに帰っていった。一九二六年四月のことである。大戦中に読んだトルストイの、原始キリスト教の理想を修道院に見いだしたのだろうか、ウィーンに帰った彼は、早々にある修道院に入ろうとするが、そこの修道院長は彼にそれを思いとどまらせた。それでも彼は、ウィーン郊外にあるヒュッテルドルフの「慈悲の修道士会」で、庭の道具小屋に寝泊まりしながら、修道士たちと一緒に庭仕事の手伝いをした。この時期にみられるように、また、ヘンゼルが「修道院にたいする一種の憧れだけは決してなくならなかった」と証言しているように、ウィトゲンシュタインは修道院に入ることを生涯で幾度か真剣に考えている。しかしどういうわけか、結局、彼は一度も修道院に入ることはなかった。

まもなく修道士たちと一緒に働くこともやめて、一九二六年秋には、建築家のエンゲルマン――彼はのちに『ルートヴィヒ・ウィトゲンシュタインからの手紙』を回想をそえて出版する――とともに、姉マルガレーテのために邸宅(ストンボロウ邸)を建てる仕事をはじめる。姉のヘルミーネが「ルートヴィヒは、あらゆる窓や戸、すべての窓の掛け金や暖房装置を設計しました」と書いているように、二年間というもの、ウィトゲンシュタインはこの建築に深くかかわった。この邸宅の建築は、彼の性格を非常によく反映していたといえる。ヘルミーネは、次のように語っている。

ルートヴィヒが寸法に厳格だったことを、おそらく最もよく示している事実として、こんなことがあげられます。それは建物ができあがって、そろそろ清掃を始めなければならない段階になってから、部屋の一つ、それはホールと呼んでもよさそうな大きな部屋でしたが、この部屋の天井を三センチ上げさせたことです。彼の本能は絶対的に正しく、従うべきものでした。(「わが弟」)

さらに、ヘルミーネがこの邸宅を「家になった論理学」と名づけたことも興味深い。建

ストンボロウ邸の内部。右側は食堂へいく扉と階段。左側は居間への扉。(*L. W.*)

ストンボロウ邸の内部。透明なガラスを用いた居間とホールの間の扉。窓やドアには横の桟はない。内部全体に「上昇感」がみなぎっている。「小屋」の立地条件、凧を使った実験、オートジャイロ、『論考』の「梯子」、ストンボロウ邸の内装の垂直感などから、筆者はウィトゲンシュタインの「垂直上昇志向」を感じ取る。精神科医の中井久夫・加藤敏も統合失調症との関連で、彼の垂直上昇志向に言及している。さらに踏み込んで、ここにウィトゲンシュタインの「神志向」をみることは許されないだろうか。ちなみに、彼には関係ないことだが、彼が葬られている現在の墓地の名称は「アセンション教会区共同墓地」である。「アセンション」は「上昇」という意味である。(*L. W.*)

1927年に、彫刻家ドロービルのアトリエで制作した少女の頭像。ウィトゲンシュタインの多才ぶりには驚かされるが、彫刻の道に歩んでいても、一角の彫刻家になっていたであろう。(*L.W.*)

ストンボロウ邸の外観。周囲の家とはかなり趣が異なる。姉ヘルミーネいわく、「家になった論理学」。ただし、ウィトゲンシュタインは主として内装を担当し、外装などはエンゲルマンが担当した。あまりにも遊びのない室内空間であるうえに、彼のいうことを受け入れたならば、ストンボロウ邸には彼以外の人間は住めないであろう。ヘルミーネがいうように、無駄な文章・表現をそぎ落とした『論考』との共通点がうかがえる。(*L.W.*)

物の美しさは、『論考』の文体にみられる簡素さと緊張感をたたえている。装飾はいっさい切り捨てられ、各部の寸法や割合が、前記の引用に象徴されるように、厳密に計算されている。垂直の線が際立つガラスのドアや窓（横の桟はない）、一切の装飾を排除したドアの把手や窓の錠、たった一つの電球で照明されたホール。なにをみてもウィトゲンシュタイン的である。そのうえ彼は、音響のことを考えてか、この家にカーテンをかけることもカーペットを敷くことも許さなかった。

当時のウィーンのブルジョワ階級の邸宅は、過去の美術品のイミテーションでいっぱいだった。どの部屋も、けばけばしい美術品に満ちており、シンプルなものよりは複雑なもの、実用的なものよりは装飾的なものが好まれた。このような状況のなかで、一切の装飾を排除した、まさに禁欲的即物主義の観を呈しているストンボロウ邸は、当時としては奇異な印象をまわりに与えたことだろう。『ウィトゲンシュタインの建築』（磯崎新訳、一九八九年、青土社）を編集したレイトナーは、次のように語っている。

建築の外観の立体的な形態は、〈実用的なものから装飾を排除しようとした〉アドルフ・ロースの建築を想起させる。しかし、その内部は二十世紀の建築史においてもユニークなものだ。すべてが、熟慮されている。慣用されていたものからも、職業的なアバンギャルドからも、何ひとつ直接的に移植されたものはない。

のちにウィトゲンシュタインは、建築について、「よい建築から受ける印象とは〈その建築が何か一つの思想を表現している〉ということである」とか、「すぐれた建築家とだめな建築家は、今日どのように区別されるか。だめな建築家はどんな誘惑にも負けてしまうが、まともな建築家は誘惑には負けない」ということばを残している。

同じくこの時期に、ウィトゲンシュタインは彫刻も試みている。彼の制作した少女の頭像は、ギリシア彫刻の美に通じる静かな美しさをたたえている。

六　ふたたび哲学へ、ケンブリッジへ

ウィトゲンシュタインは、ストンボロウ邸建築中の一九二八年三月に、オランダの数学者ブラウワーが行なった「数学・科学・言語」と題する、数学基礎論についての講演を聴いた。この講演のあと、ウィトゲンシュタインは二人の哲学者、ヴァイスマン、ファイグルとカフェに入り、それまではあまり哲学について語りたがらなかったのに、その講演から得た着想を興奮のうちに数時間もしゃべりまくった。ブラウワーの講演は、数学・科学・言語をすべて人間中心に捉えていた。これはウィトゲンシュタインの『論考』での考え方、つまり「論理や数学は、人間とは関係なくそれ自身で、世界との関係において成り立つものである」という考え方とまったく対立するものである。ブラウワーの講演がウィトゲンシュタインの心を揺さぶったことは充分に考えられるし、彼のその後の思索の歩みは、大きく捉えれば、ブラウワー的であり、論理や言語について人間の立場から解釈するものになっている。ウィトゲンシュタインをふたたび哲学に復帰させた遠因の一つは、この講演である。

ストンボロウ邸の仕事が完了すると、一九二九年のはじめに、ウィトゲンシュタインは

ふたたびケンブリッジにもどった。ときに、四十歳であった。この夏、当時ケンブリッジに来ていたイタリア出身の経済学者、P・スラッファと親交を結ぶようになる。この人物は、彼の後期哲学の形成に決定的な影響を与えた。

ウィトゲンシュタインの後期哲学が展開するためにはさまざまなこと、たとえばさきにみたような小学校教師としての経験、『小学校のための辞書』の作成、彼をプーフベルクに訪ねてきた若き数学者ラムゼイとの議論、ブラウワーの講演などが契機としてあっただろう。しかしながら、直接に産婆の役割をはたしたのは、スラッファである。『論考』においての「命題は事実を描写する」というアイデアの根幹をなす考え方、つまり「命題は、これによって記述される事柄と同一の論理形式を有している」という考え方（第三章参照）が、スラッファが指摘した次のことによって打撃をうけたのである。ナポリ人は嫌悪や侮蔑を表現するときに、よく指先で顎の下を外にむけてこするが、このとき「この動作の論理形式とは何だろう」とスラッファはウィトゲンシュタインに尋ねたのである。つまり、「この動作とその表現内容とのあいだには何ら必然的関係はない」ということだ。ウィトゲンシュタインはスラッファと議論をすると、意気消沈して「まるで枝をみんな切り落とされた木のような感じになった」と述懐している。なお、「命題」とは真偽を決定できる文のことであるが、以下では命題は「文」と考えてもらって問題はない（ドイツ語ではと

もに "Satz" である)。

後期ウィトゲンシュタインの哲学では、命題は世界の事実を写しとるものだという「写像の理論」や、複合的な命題はそれを構成する命題の真/偽の組み合わせによって決まるという「真理関数の理論」などは、背後に退いてしまう。それに代わって、後期の主著『哲学探究』などで、生きた言語の多様さを分析するための「言語ゲーム」とか、言語活動が営まれる場である「生活形式」といった概念に代表される主題が、前面に出てくることになる。

七　ケンブリッジ大学での講義など

一九三〇年のはじめから、ウィトゲンシュタインはケンブリッジで講義を始めたが、その講義ははなはだ型破りなものであった。彼の講義ぶりについて、ヴリクトは次のように語っている。

講義は、ほとんどいつも自室か同僚の研究室で行なわれた。彼は原稿もメモも持たず、講義に出てきた学生の前で考えた。その姿は、ものすごく精神集中をしている哲学者といった感じだった。ふつう、説明から設問になり、その設問に出席者は答えを出さなければならない。そしてその答えが、また新しい思考のきっかけとなり、再び新しい質問が出てくる。このようにして行なわれる議論が成果を上げるかどうか、また、その時間の始めから終わりまでが一貫して筋の通ったものになるかどうか、つぎの時間まで一筋の流れとなって発展していくかどうかは、出席している連中の顔ぶれ次第という面が大いにあった。(「小伝」)

マルコムによれば、「原稿もメモも持たず」におこなった講義について、ウィトゲンシュタインは「かつてノートを準備して講義してみたが、その結果にあいそをつかした」、「読み上げる〔ノートの〕内容はカビが生えたようになる」、「ノートを読みはじめると、ことばは生命を失った死骸のように感じられる」と述べたという。

しかし、ノートや原稿を講義のあいだに参照しなかったとしても、ウィトゲンシュタインは考え抜いて講義に臨んだことだろう。これについては、彼がのこした厖大な遺稿が物語っているし、ガスキングとジャクソンも「講義がそのつど入念に準備されていたのは明らかである。その大局の方針は予め計画され、無数の例が考案された」(「教師」)と証言している。

また、マルコムは大学の教師としてのウィトゲンシュタインを「こわい先生だった」と回想している。

こわい先生だった。気が短くて、すぐ怒り出す。誰かが彼の言葉に賛成できないようなそぶりを見せると、反論を述べるようにきびしく要求した。いちどウィトゲンシュタインの旧友であるヨーリック・スミジーズが、反論をうまく口に出して言い表わせないことがあったが、そのときウィトゲンシュタインは、きつい口調で「なんだ、これじゃあこのストーブ相手に議論をしているみたいだ」といったことがある。こういう具合だから、ウィトゲンシュタインに対するおそれのため、われわれの注意力は非常に張り詰めた状態になった。とりくんでいる問題が、きわめて難しく、ウィトゲンシュタイン流の解決法はきわめてわかりにくいものだっただけに、この緊張状態は結果としては非常によかった。けれども私などは、彼の考えについてゆくだけで、頭がいつもクタクタになってしまった。二時間の講義というのが私の頭のつづく限度だった。(『思い出』)

これに関連して、ガスキングたちも「ウィトゲンシュタインは安直さに対して、真理を自力で発見するための真摯で全霊を傾ける努力以外の方策でえられた哲学的見解に対して、嫌悪感を持っていた」、「彼は自己の厳しい基準で判断して、哲学に真剣に打ち込んでいると思われる人たちの中から友人や話し相手を選んだ。会話が〈心の底からも、脳髄からも出て来ない〉人間たちの悪口を、彼が言うのは知れわたっていた」(「教師」)と述懐している。

厳しい教師ではあったが、誠実に真理を探究するその姿はだれをも魅了した。そして、小学校の教員をしていたときのエピソードにもあるように、またウィトゲンシュタインの教え子であるキングが「彼の親切と心配、自分の学生に対する責任感に感動しないではいられない」と証言しているように、さらにマルコムに学資を出してやったこともあるように、ウィトゲンシュタインは学生に対してさまざまな援助もしたのである。

イギリス滞在中（一九二九年以降）のウィトゲンシュタインの日常生活については、だれもがほぼ一致した証言をしている。たとえば服装については、彼の講義に出席していた哲学者のA・ケニーは、「ウィトゲンシュタインの伝記的スケッチ」（山内久明訳、『エピステーメー』一九七六年一〇月号、朝日出版社、所収）のなかで、「布張りの折りたたみ椅子に腰かけたウィトゲンシュタインは、フランネルのズボンに、革製の上着を着こみ、丸首シャツというでたちだった」と述べている。また、マルコムによれば、彼の服装はまったく簡素なもので、いつも薄いねずみ色のフラノのズボンをはき、ネルのワイシャツの胸元のボタンははずしていた。それに労働者の着るようなジャンパーか革のジャンパー、雨の日はツイードのハンチングに、黄褐色のレインコートを着ていた。そして、たいていはステッキをもっていた。「ネクタイをしめてソフト帽をかぶった背広姿のウィトゲンシュタインというのは想像もつかない」。しかしながら、ドゥルーリーの証言では、ウィトゲンシュタインは「ただ一度だけ、ロシアに行くためのビザを申請しにソ連大使館を訪れたときには、ネクタイをして行った」と彼に語ったそうである。

簡素なのは、トリニティー・カレッジの彼の部屋も同じである。イギリスでは大学の教官は大学内に住んでおり、講義も自分の部屋で行なうことになっているが、ガスキングとジャクソンは「ウィトゲンシュタインの大学の自室には、家具らしい家具はなかった」と述べている。マルコムも同様のことを証言している。ウィトゲンシュタインの部屋は、調度が簡素で、飾りの置物、絵や写真の類はいうにおよばず、安楽椅子や電気スタンドさえもなかった。壁も裸のままであった。リビングルームには、おりたたみの椅子二つと、質素な木の椅子が一つ、ベッドルームにはキャンバス張りのベッドがあるだけだった。

一九四七年春に、ウィトゲンシュタインはケンブリッジ大学で最終講義を行なった。この秋、有給休暇をとり、四七年末には教授職を退いている。このとき、五十八歳であった。彼は全力で研究に専念することを望んだのだろう。四七年冬からアイルランドのレッドクロス、ロスロ、ダブリンなどに滞在して、以前のノルウェー滞在のときのように、また世間から隔絶した生活をはじめた。あるときは、アイルランド西海岸のゴルウェイで、海に面した小屋に住んで自炊の生活をしていたが、近隣に住む人々といえば、貧しい漁民のみだった。ウィトゲンシュタインが鳥をたくさん手なずけたことは、彼らのあいだで語り草になった。鳥たちは毎日、彼の手からエサをもらいにやってくるようになっていた。

八　最後の日々

死までの二年間、彼の健康は著しく悪化した。一九四九年七月、ウィトゲンシュタインはかねてからのマルコムの招待をうけて、アメリカに渡る。そして、コーネル大学のスタッフや大学院生たちと議論を戦わせた。けれども、健康が思わしくなくなる。一〇月にはイギリスに帰り、ヴリクトの家に滞在した。そこで倒れ、ドゥルーリーのつてで、ベヴァン医師に診てもらう。一一月には、父カールや姉ヘルミーネとおなじく、ウィトゲンシュタイン自身も癌（前立腺癌）であることが判明する。それでも、一二月には身辺整理のためにウィーンへ行ったり、一九五〇年秋には友人とノルウェーを旅行したりしている。また、同年四月には、アメリカにいるマルコムに「私が生きつづける限り、そして私の精神状態がゆるす限り、私は哲学の問題について思索をめぐらし、それについて書こうとするだろう」と書き送ったりしている。

一九五一年二月からベヴァン医師のところに寄寓し、そこで死を迎えることになるのだが、このときのことをベヴァン夫人が日記に書いている。

ウィトゲンシュタインがアメリカについて話をしたとき、私は……「アメリカにいらしたなんて、きっと幸福だったでしょうね」と言いました。そのときウィトゲンシュタインは、彼だけが人を見つめることができるんだというような目で私を見つめながら、「〈幸福〉ということばは何を意味するのですか」と言いました。このとき、私は初めて、日常言語で用いられることばの本当の意味がいかに重要であるかが、はっきりわかり始めました。（『入門』所収）

マルコムも、晩年になってウィトゲンシュタインがアメリカを訪れたさいのことば、「一つの表現は、生きた人生の脈絡のなかでのみ意味を持つ」ということばに、もっとも心を打たれたと述べている。

ベヴァン夫人やマルコムに語ったことばのなかに、無責任なことばや無意味なことばを根こそぎにし、言語を真面目に取り扱うという彼の哲学が、いかに彼自身の生と密着していたかがうかがわれる。さらに踏み込んで述べれば、ウィトゲンシュタインはただたんに哲学的思索をめぐらしたり、哲学を講義しただけではなく、実際に自分の哲学を生きたのだということができる。

ウィトゲンシュタインはこのこと、つまり「自分の哲学を生きること」を他人にも要求した。彼は、相手を耐えられないようなきびしい調子で非難することがよくあった。たとえば、死の危険に直面していたムーアの場合がそうである。彼は脳溢血で倒れたことがあり、医者から興奮しすぎたり過労になったりしないよう注意されていた。ムーア夫人は医者の指示にしたがって、一時間半以上は彼に誰とも哲学の議論をさせないことにしていた。しかし、ウィトゲンシュタインはそのことを猛烈に嫌っていた。「ムーアは奥さんの指図をうけるべきではない」と彼は考えていたのである。ムーアは好きなだけ議論を続けるべきだ。もしそれで興奮しすぎたり疲れたりして、ふたたび脳溢血を起こして死んだとしても、いってみれば、それは学者冥利につきること。ムーアが真理への情熱をもっているのに、まだ終わってもいない議論を途中で打ち切られるなどというのは、学者として耐えられないことだ。ウィトゲンシュタインはこのように考えていたのである(『思い出』参照)。

マルコムは、このウィトゲンシュタインの反撥は「彼自身の人生観をあざやかに物語っていると思う」と評した。人間は自己の才能に課せられた仕事に全精力、全生涯を傾けるべきである、長生きをしたいというだけでこの努力を惜しんではならない。死と隣り合わせであった「兵士」としてのウィトゲンシュタインも、従軍中に『論考』に結実する思索を展開した「哲学者」ウィトゲンシュタインも、そのときそのときの仕事に全精力を傾けていたのだ。

一九五一年四月二七日、ウィトゲンシュタインは散歩をし、その夜すっかり衰弱してしまった。ベヴァン医師が「あと数日しか生きられませんよ」というと、彼はただ「よくわかりました」と一言だけ答えた。そして、翌日の夜、意識をうしない、翌々日の朝、死去した。

絶筆となった、死の二日まえに書いたもの——これは『確実性の問題』第六七〇節から第六七六節におさめられている——をみても、その強靭な思索は全盛期のものに比して遜色がない。それは、「人間のいとなむ探究には、根本原理とでも称すべきものがあるのではないか」ということばで始まり、「彼の夢が雨の音と現実に結びついているとしても、事情は変わらない」ということばで結ばれている。

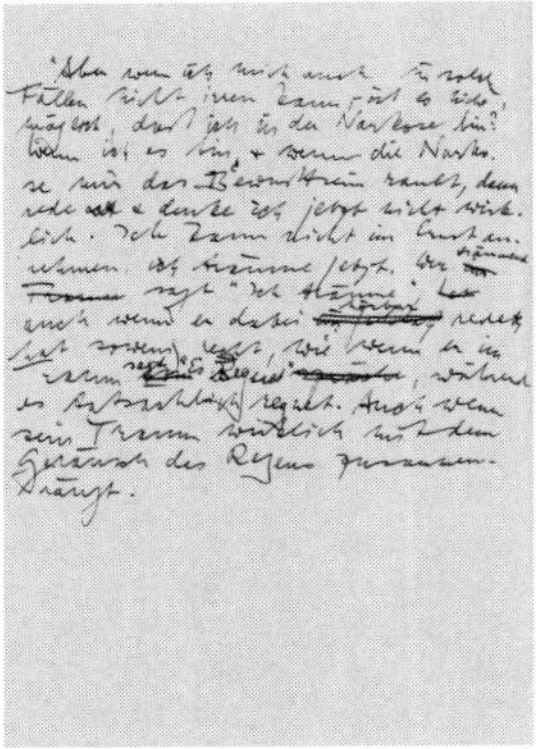
"Aber wenn ich auch in solchen
Fällen nicht irren kann, ist es nicht
möglich, daß ich in der Narkose bin?
Wenn ich es bin, & wenn die Narkose
mir das Bewußtsein raubt, dann
rede & denke ich jetzt nicht wirk-
lich. Ich kann nicht im Ernst an-
nehmen, ich träume jetzt. Wer träumend
sagt "Ich träume",
auch wenn er dabei hörbar redet
hat sowenig recht, wie wenn er im
Traum sagt "Es regnet", während
es tatsächlich regnet. Auch wenn
sein Traum wirklich mit dem
Geräusch des Regens zusammen-
hängt.

死の２日前に書かれた絶筆。『確実性の問題』の最後は「彼の夢が雨の音と現実に結びついているとしても、事情は変わらない」と結ばれている。死の直前まで、強靭な哲学的思索を倦むことなく続けたウィトゲンシュタインの姿は、第１世界大戦従軍中の戦火のなかで、『論考』を書き進めていたときの彼の姿と変わらない。教え子のドゥルーリーと最後に別れるときに送った言葉が思い出される——「ドゥルーリー、どんなことがあっても、考えることだけはやめないように！」。(*L.W.*)

第二章　第一次世界大戦とトルストイとの出会い

一　戦場のウィトゲンシュタイン

「宗教者」ウィトゲンシュタインを考えるうえで、第一次世界大戦はきわめて重要な意義をもつ。本章と第四章では、この大戦に従軍した「兵士」ウィトゲンシュタインの姿を追いたい。

一九一四年七月二八日、第一次世界大戦が勃発すると、ウィトゲンシュタインは八月七日に志願入隊し、オーストリア＝ハンガリー二重帝国軍の要塞砲兵連隊の一員となる。このとき、彼には両側性のヘルニアの疾患があり、兵役を逃れられるにもかかわらず、自ら志願したのである。その動機は何であったのか。祖国を守るために戦うべきことは当然のことだったかもしれないが。

参戦の動機は、愛国心からのみ来るものではないようだ。姉ヘルミーネは次のように回想している。

ルートヴィヒは祖国を防衛しようという願いによってのみ〔参戦することを〕動機づけられたのではありません。これは確かです。あの子は同時に、自分に何か困難なものを課したい、純粋に知的な仕事とは異なったことをしたい、と強く願ってもいました。(「わが弟」)

また、オーストリアの小学校で一緒に教師をしていたシェルライトナーによれば、ウィトゲンシュタインは「戦争で死ぬために志願した」という。ヴフタールとヒュープナーはこれについて、「たぶん、自らを新たなかたちで拘束することによってこそ自分を自由にできると考え、希望の手掛りをそこに見出したのであろう。しかし、それは絶望の果ての行為であった」と述べている(『入門』)。第一章でみたように、ウィトゲンシュタインは、日頃から自殺について考えていた。絶望感におそわれた彼は、戦争によって死ぬことを望んだのかもしれない。戦死は「自殺」ではないうえに、祖国のために戦うことで、現在＝永遠(後出)のうちに自分の生を燃焼しつくすことができるかもしれない、とみなした可能性はある。

兵士としてのウィトゲンシュタインは、恐怖心をいだきながらも、戦闘においてまった

イタリアにおける捕虜。ウィトゲンシュタインの姿は確認できないが、彼もこうした部隊に所属し、いろいろな人間とさまざまな関係をむすびながら生活していたのである。(*L.W.*)

く妥協しなかった。多くの功労申請書や彼の「軍人経歴簿」には、軍人としての彼の功績や優秀さが細かく記入されている。たとえば、(1)功労申請書には「彼は、軍人としての忠誠と義務遂行のすばらしい実例を、その態度をとおして示した」などと記されているし、(2)士官の勇敢な行動に対して与えられる金の勇敢褒章を申請する書類には、「彼が勇敢に行動し、そのうえ平静・冷徹・豪胆であることは、すっかり部隊で賞賛の的となった」と書かれている。こうしたところにも、現在＝永遠のうちにその一瞬一瞬を充実させようとする、ウィトゲンシュタインの生活信条をみてとることができよう。

以上で、ウィトゲンシュタインの周囲の

人たちの証言や彼の「死」に対する考え方によって、参戦の動機をさぐってみた。『草稿』の「死は生のできごとではない。死は世界の事実ではない」と、『論考』の「死は人生のできごとにあらず。人は死を体験せぬ」ということばは、彼が第一次世界大戦に参戦してからのものである。これらのことばは冷静、理性的、客観的にきこえるかもしれないが、実際の従軍体験は凄まじいものであった。次に、激戦が始まる前後のことと、「ブルシーロフ攻勢」とについて述べておきたい。

激戦の開始

戦闘は一九一六年四月二一日前後から始った。砲兵中隊に加わってから一か月後である。最初、ウィトゲンシュタインは砲撃陣地に配属された。そこでは重労働が待っていて、特殊な能力を要するものは何もなかった。以下で引用するように、彼は二度の砲撃に見舞われるが、幸運にも二度とも砲火をかいくぐって生き延びることができた。

第四章で詳述する『秘密の日記』（以下『日記』とも表記）では、砲撃について毎日のように言及され、神に祈ることが増してくる。

午後、偵察隊のところへ〔行った〕。われわれは砲撃された。僕は神のことを考えた。汝〔神〕の意志が行なわれますように！　神が僕とともにいますように。（傍線原著

者、一九一六年四月二九日）

今日、急襲射撃の最中、再び偵察隊のところへ行く。人間は、神だけを必要とする。（傍線原著者、一九一六年四月三〇日）

状況は危険きわまりないようだが、その後、ウィトゲンシュタインは自ら危険な偵察隊に参加したいとの要望までしている。そして、その要望は許可された。マクギネスいわく、「彼が監視所〔偵察隊〕の優秀な従兵であり、そこでの孤独は彼の気質にぴったりであったことは、明らかである」。その場所であれば、「死の近さが生に光をもたらす」だろうし、彼を嫌っている兵隊仲間とも距離をおくことができるからである。

恐らく明日、僕自身の願いにより、偵察隊に参加することになる。そうなれば、僕にとって初めて戦争が始まる。そして――恐らくは――生もまた〔始まる〕！　けだし、死の近さが僕に生の光をもたらす。どうか、神が僕を照らしてくれますように！　僕は虫けらだ。しかし、神を通して僕は人間になる。神が僕のそばにいますように。アーメン。（一九一六年五月四日）

僕は、呪われた城の王子のように、監視所に立つ。今のところ、昼間は万事穏やかだが、夜は〔どうなるだろうか〕！　夜は恐ろしいことになるに違いない！　僕はそれを耐え抜くだろうか？？？？　それは今晩になればわかるだろう。神が僕のそばに

いますように！！（傍線原著者、一九一六年五月五日）

監視所でのウィトゲンシュタインの任務は厳密に決まっていた。敵の位置を突き止め、地図上に記し、味方の着弾を監視し、指図することである。最後はいつも「弾幕射撃」になり、後年、彼はそれを思い出しては興奮したということである。

戦場における「生と死」をめぐる思索

一九一六年五月ころ、ウィトゲンシュタインはたえず死と隣り合わせであったために、たえず、神に祈ることとなった。危険に直面したときや、辛くも生き延びたときの行為である。日記の終わりでは、ほとんどといっていいくらい、神に祈ったり訴えかけたりしている。

先に引用したように、「死の近さが僕に生の光をもたらす」とウィトゲンシュタインはいうのだが、彼は「死こそが、生にその意味を与える」（一九一六年五月九日）と考えている。マクギネスは、「死のみが人生に意味をあたえる」〔死こそが、生にその意味を与える〕ということばは少なくとも二つの意味をもつ、という。すなわち、「死を思うことのみが人生を好ましいものにする」ということと、「死に直面することのみが人生において価値がある」ということである。マクギネスは、ウィトゲンシュタインが危険のもっとも大きい場所に行ったのは後者のゆえだ、と分析している。

しかしながら、これら二つのことは渾然一体となっていた可能性もあるだろう。マクギネスの二つの解釈のほかに、第三の解釈を考えるとするならば、二つを折衷して、「死に直面することのみが人生を好ましいものにする」という解釈も成り立つかもしれない。死に直面して死んでしまえばそれまでだが、生きながらえると、その体験がその後の人生に精神的な好影響を与えるということである。

こうした解釈以外に、次のようなことも思い浮かぶ。「死」と「生」とは相補的な関係にあり、一方を理解するためには、他方を知らなければならない。このように考えると、「生の意味を知るためには、死に直面しなければならない」という解釈もできるかもしれない。

いずれにせよ、「死の近さが僕に生の光をもたらす」「死こそが、生にその意味を与える」ということばは、いろいろと解釈ができ、味わいの深いことばである。これより少し後の一九一六年七月二六日に、ウィトゲンシュタインは「僕は善き生を送り、自分自身を純化しなければならない」と書いているが、おりにふれ、同様のことが種々の表現で述べられている。死と隣り合わせの状況においてこそ、自己は純化され、善い生活ができるのだ。善い生活とは、軍隊生活という脈絡においては、⑴生命の危険を感じてもたじろがない、(2)臆病にならない、(3)戦友に腹をたてないなどといった生活のことである。

ブルシーロフ攻勢

「ブルシーロフ攻勢」(一九一六年六月四日―九月二〇日)は、ロシアのブルシーロフ将軍によって立案・実行された、オーストリア=ハンガリー二重帝国軍に対する攻勢である。一連の激闘は、ウィトゲンシュタインの存在を根底から揺さぶった。

この攻勢における戦闘では、ロシア軍とウィトゲンシュタインが所属していた二重帝国軍との両軍あわせて、一〇〇万―一五〇万人もの死傷者を出したと推計されている。わずか三か月余りの戦闘で、それも原子爆弾や水素爆弾のような大量殺戮兵器がまだ登場していない陸戦で、これほどの死傷者が出たことは、ブルシーロフ攻勢の凄惨さを象徴するものといえよう。さらに、ウィトゲンシュタインが属していた歩兵師団の兵士の生還率が二〇パーセント程度(一万六〇〇〇人中三五〇〇人程度)だった――捕虜となった兵士もいるから、一万二五〇〇人の死傷者がでたというわけではない――と伝えられている。この攻勢は、戦史に名をのこすほど激烈なものだったのだ。

ウィトゲンシュタインは、東部戦線において、度重なる「弾幕射撃」を始めとする危険きわまりない諸状況のなかを、文字通り、奇跡的に生き抜いた。そして、戦闘が激しければ激しいほど、彼の『秘密の日記』に頻繁にみえる「神への祈り」「霊への言及」は迫真性を増す。一九一六年一〇月、彼は最前線から一時的に退くのだが、そのとき「まるで失語症のようにことばが見つからず、文章が組み立てられなかった」そうである。

精神科医の中井久夫は、激戦を体験したウィトゲンシュタインの変化を、パスカルの宗教体験にたとえながら、以下のように論じている。

ヴィトゲンシュタインは〔ブルシーロフ攻勢における東ガリツィア地方での〕混戦状態の中で戦いつづけ、勇敢な行動を示す。まさにこのときから『日記』〔＝『草稿』〕の調子は一変し、従来の中立的な文体は激しい息づかいをはらんだ簡潔で断定的な短文に変わる。彼はまるで信仰告白のように「世界の意味は世界を超越し、世界は私の意志を超越している」……と熱烈に断言する。おそらく戦闘の極限状態の中で、彼はパスカルのような烈しい〝被造者体験〟を経験して一つの回心をなしとげたのであろう。（「ルートヴィヒ」）

ここで、戦線におけるウィトゲンシュタインの足どりと活動を、年譜のかたちで記しておく。

〈一九一四年〉

八月、東部戦線のガリツィアに出陣。その後、ヴィスワ河の監視船で下級の職務につく。

一二月、クラクフの砲兵隊作業場に転属、技術者としての能力が認められる。まったく異例ではあるが、士官としての特権が与えられる。

〈一九一五年〉

七月以降、レンベルク近郊の砲兵隊作業列車に配属。

〈一九一六年〉

三月、ガリツィア方面の最前線の曲射砲連隊に監視兵として配属。

六月、ブルシーロフ攻勢を受け、激戦を体験。戦功により多数の勲章をもらう。

九月、伍長に昇進。

一〇月、士官としての訓練を受けるべく、オルミュッツ（現チェコ共和国のオロモウツ）の砲兵隊士官学校に派遣される。ここで建築家のエンゲルマンと知り合う。

一二月、士官候補生となる。

〈一九一七年〉

七月、ケレンスキー攻撃を受ける。

〈一九一八年〉

二月、少尉に昇進。

三月、東部戦線のアシアゴに移され、山岳砲兵連隊に配属。

六月、アシアゴ地域におけるオーストリア側の最後の攻撃で勇敢に戦い、士官に与えられる金の勇敢褒章に推挙される。だが、反対の声があがり、受章できなかった。

七月から八月、最後の長期休暇をウィーンとザルツブルグ近郊ですごす。『論考』が事実上完成したのはこのときである。

一一月、オーストリア降伏。トレントの近くで、そこにいた全軍隊とともに、イタリア軍の捕虜となる。はじめは、コモ近くの捕虜収容所へ入れられる。

〈一九一九年〉

一月、モンテ・カシノの麓の捕虜収容所に移される。彼はここで熱心なカトリック信者で学校の教師でもあったヘンゼルおよびパラックと知り合いになる。ウィトゲンシュタインが後年小学校の教師になったのは、彼らの影響である。また、彫刻家のドロービルとも知り合い、のちに彼のアトリエで「少女の頭像」を彫ることになる。

八月、モンテ・カシノからウィーンに帰還。

戦争中のウィトゲンシュタインはいかなる生活をしていたのだろうか。従軍中だから仕方のないことだとはいえ、自分の置かれた環境に不満を述べたり、周囲の人間に罵詈雑言を浴びせたりするような書きつけは頻繁にでてくる。これは『秘密の日記』で一貫していえることである。従軍して間もないときの『日記』からいくつか引用しよう。

われわれは何も敷かない地面に、掛けるものも無く寝なければならない。われわれは今ロシアにいる。困難な仕事のために、僕は完全に無官能になってしまった。今日はまだ仕事をしていない。……〔小艦「ゴプラナ号」の〕甲板の上は寒すぎるし、下には人間が多すぎる。奴らは、しゃべり、叫び、悪臭を放ち、等々。（一九一四年八月一七日）

われわれの指揮官とある他の士官の会話をたった今盗み聞きした——なんという低俗な声だろう。その声からは、世界の全ての劣悪さがキイキイ軋み、ぜいぜい喘ぐ音が鳴り響いている。僕はこの低俗さを眺める。僕の目の届く範囲には、鋭敏な心はない！！！‖（二重傍線原著者、一九一四年一一月九日）

また、従軍しているあいだに、ウィトゲンシュタインは三人の死に直面している。まず、フィッカーを介して彼が二万クローネを与えた、『夢のなかのセバスティアン』を書いた詩人トラクルの死。彼は十五歳のときから麻薬にとりつかれ、二十七歳で、コカインによる自殺とも他殺とも判別のつかない不幸な死をとげた。彼はウィトゲンシュタインに会いたいと軍隊に願い出ていたが、一九一四年一一月、ウィトゲンシュタインが病院に運ばれた彼を訪ねたときには、すでに三日前に葬られていた。このとき、ウィトゲンシュタインはフィッカーに「私は彼を知らなかったが、精神的衝撃を受けた」と書き送っている。つぎに、ケンブリッジで知り合った友人のデイヴィッド・ピンセントの死に直面する。ウィトゲンシュタインは彼とノルウェー旅行などをしており、『論考』には「この書をいまは亡きデイヴィッド・H・ピンセントに捧ぐ」と書かれている。その彼が、戦時下にあっては敵だったが、イギリスでテスト飛行中に墜落死する（一九一八年五月）。さらに、兄クルトがロシア戦線でピストル自殺する。彼が指揮していた騎兵中隊が戦場から撤退したときのことらしい（同年一〇月）。

彼ら三人の死は、ウィトゲンシュタインに暗い影を投げかけただろう。

軍隊にあって、ウィトゲンシュタインは、まわりの人間とどのような人間関係を結んでいたのだろうか。一九一六年の四月には『日記』に次のように書いている。

兵員はわずかの例外をのぞいて、志願兵である僕を憎んでいる。そのため、今僕は、僕を憎む人々によってほぼつねに取り囲まれている。このことが、僕がまだ折り合いをつけることができない唯一の事柄だ。しかし、ここにいるのは邪悪な、心ない人間たちだ。彼らの中に人間性の痕跡を見出すことは、僕にはほとんど不可能だ。（一九一六年四月二七日）

ここで、「志願兵」（一年志願兵）ということばに注意しなければならない。これはたんに「自ら兵役につくことを志願した兵士」という意味にとどまらない。もしもそうであるなら、「志願兵である僕を憎んでいる」という文は理解に苦しむ。志願兵はドイツとオーストリアで違いはあるものの、富裕層の出身者がほとんどであった。ゆえに、「一年志願兵」の徽章を身につけている人物が、一定以上の社会的地位を有する家庭の出身であることは、誰の目にも一目瞭然である。このことが、ウィトゲンシュタインが士官や同じドイツ系の「一年志願兵」と比較的良好な関係を築くことができたのに対し、一般の召集兵や他民族の兵士から憎まれたり嫌がらせを受けたりした要因であることは間違いないだろう。

ウィトゲンシュタインの人間関係については、いろいろといわれている。彼から直接の教えをうけ、遺稿管理人・遺言執行人となることを依頼された、R・リースは「部隊において他の人間と生活したり働いたりすることは、彼にとっては多くの点で、肉体的疲労や銃砲で攻撃されることよりも、耐えがたいことであった」と述べている。

しかしその一方で、ウィトゲンシュタインは、聖書の「汝の敵を愛せよ」ということばを思いおこさせるように、「人々を理解せよ。他人を憎んでいると感じるときはいつでも、彼らを理解するように努めよ」とも述べて、こうした境遇に対処しようとしている。さらに、戦時中の彼の友情と人間性を強調する人も多い。たとえば、トゥールミンとジャニクによれば、ウィトゲンシュタインは軍隊生活において仲間の兵士や市民と親しくなったが、こういうことは、彼がウィーンの大金持ちの末息子であったときにも、またこれ以降にもないことである（『ウィーン』）。そして、エンゲルマンは「当時としては、のちに彼が周囲とうまくいかなくなって、村で教師として生活をしていくことが困難になるなどとは予想もつかなかった」と述べている。

　うまくいかない周囲の人間のことをいい咎める一方で、彼らとうまくやっていこうともしている。うまくやっていける人の目にはウィトゲンシュタインは人間味のある情に篤い人間と映ったろうし、彼自身もこういう人たちとの付き合いを大切にしたのだろう。けれ

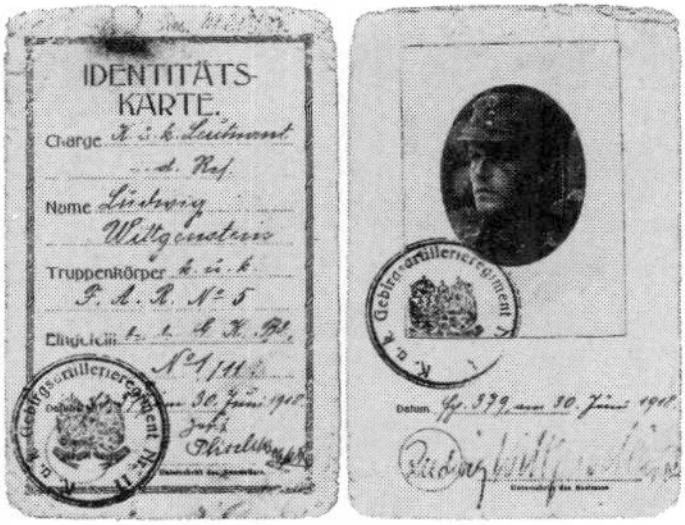

第１次大戦従軍中の身分証明書。階級は陸軍少尉。（*L. W.*）

事故で炸裂した大砲。クラクフにいたとき、同僚が扱っていた大砲の砲身が破裂してしまい、ウィトゲンシュタインはいくつもの傷を負った。しばらく病院で過ごすことになるが、知人のフィッカーに「作業場での〔大砲の〕爆発により、神経性ショックに陥りました。そして、二、三か所、軽い怪我をしました」（1915年７月）と書き送っている。マクギネスは「額の傷跡は終生消えることがなかった」と書いている。「軽い怪我」とはいえ、運が悪ければ、大怪我、失明、死亡につながった可能性もあっただろう。（*L. W.*）

ども、生死をかけた戦場においては、善意の人間のみではないことは容易に想像できる。まわりには、「邪悪な、心ない人間たち」「人間性の痕跡を見いだせない人間たち」も大勢いたにちがいない。だが、そうした人間たちをも理解しようという、ウィトゲンシュタインの態度を見落としてはならない。彼は生前、「人間らしくあろう」（一九三七年、『断章』）と書き込んでいるし、ラッセルには「私がまだ人間でないならば、どうして論理学者でありえましょうか！」と書き送っているのである。

さまざまな人間関係や極限状態のただなかにいたためか、ウィトゲンシュタインは「戦争では人間について学ぶことが山ほどある」と述べている。後年、マルコムが第二次世界大戦に従軍したときの経験について「戦争は〈退屈〉なものだ」と書き送ったとき、彼は以下のような返事をよこしたのである。

戦争が「退屈」だという点について、ひとこと言いたいことがある。もし子供が「学校がぜんぜん面白くない」と言ったら、誰でも「学校で教わることが、ちゃんとわかるなら、学校はそんなにつまらない所ではないはずだ」と言うだろう。失礼なことを言うようだが、もし君がちゃんと目をあけて観察すれば、この戦争の中に人間について学ぶことが山ほどあるように、僕には感じられる。また、深く考えれば考えるだけ、見るもの聞くものからたくさんのことを引きだせるはずだ。（『思い出』所収）

「人間について学ぶことが山ほどある」とはいえ、激戦を何度も体験したウィトゲンシュタインは、戦争によってかなり変わってしまう。これは、彼の親戚の人々が認めていることだし、エンゲルマンも、「たしかに戦争というきびしい現実が、彼のすっかり気にいっていた自然のままにあることとか、作為的でないということをむりやり奪い去ったように見える」(『手紙』)と語っている。さらに、ウィトゲンシュタイン自身も、ケインズに次のように書き送っている。

われわれは十一年も会っていません。その間にあなたが変わってしまったかどうか、私は知りません。しかし、私はたしかにものすごく変わってしまったのです。残念ながら私は、かつての私よりよくなってはいませんが、変化しているのです。それゆえ、もしわれわれが会えば、あなたに会いに来た私は、実はあなたが招待しようとした人間ではないのだ、ということになるかも知れません。

これは、一九二四年七月に、ウィトゲンシュタインをイギリスに呼ぼうとしたケインズにあてて書かれた手紙である。これより「十一年」前、つまり一九一三年は第一次大戦勃発の前年である。戦争によるおのれの変化を自覚していたことの証である。

それでは、彼はどのように変わったのだろうか。これについては、本書のテーマとのかかわりのもとに、次の二点にしぼって話を進めたい。それは、(1)トルストイの『要約福音書』と出会い、そこから決定的な影響をうけたこと、(2)『草稿』に書かれている内容が、ある時期を境にして宗教的色彩を濃くすること、の二点である。

二　福音書の男

ウィトゲンシュタインは、以前からトルストイの小説を知っていたが、入隊して間もない一九一四年九月に、『要約福音書』と出会う。これはまったく偶然のことらしい。このときのことを、彼はのちにラッセルに話した。一九一九年一二月、ラッセルはハーグでウィトゲンシュタインに会って、『論考』をつぶさに検討するが、その後オットーリーン夫人にあてて次のように書いている。

〔第一次〕大戦の間に、ある奇妙な事が起こりました。彼〔ウィトゲンシュタイン〕は、勤務でガリツィア地方のタルノヴの町に行きました。そしてたまたま、一軒の本屋を見つけました。しかしその本屋には、絵ハガキ以外は何もないように見えました。ところが彼が中に入ってみると、ちょうど本が一冊だけありました。福音書についてのトルストイの本でした。彼はその本を買いました。それはただ単に、それ以外の本がなかったから、という理由によってでした。彼はその本を繰り返し繰り返し読み、それ以後、戦火の中でも、片時も離しませんでした。

戦時中、『要約福音書』を「戦火の中でも、片時も」離さず、周りから「福音書の男」と呼ばれたことからも推察できるように、ウィトゲンシュタインがトルストイから受けた影響は実に大きい。彼がのちに、「本当の人間、ものを書くという権利をもっている人間」と形容するトルストイの作品でもとくに気にいっていたのは、この『要約福音書』と『民話』であった。これについては、エンゲルマンやドゥルーリーたちに語り、また文芸誌『ブレンナー』の編集主幹フィッカーには、「トルストイの『要約福音書』をご存じですか。この本は当時、私を生かしておいてくれました」（一九一五年七月二四日）と書き送っている。エンゲルマンは「すくなくとも私が知っていたウィトゲンシュタインは、トルストイ

トルストイの『要約福音書』。1914年９月２日の『秘密の日記』にはこうある——「昨日、トルストイによる福音書への註解〔『要約福音書』〕を読み始めた。素晴らしい作品だ。しかし、それはまだ僕にとって、僕がそこに期待したほどのものではない」。時間の経過とともに、ウィトゲンシュタインはこの作品に傾倒していったのである。その証拠に、翌月10月11日には「トルストイの『要約福音書』をお守りのように常に携帯している」（傍線原著者）と自分自身で書き込んでいる。軍隊の仲間たちから「福音書の男」と呼ばれた所以である。（*L.W.*）

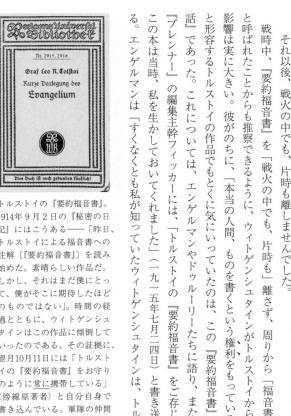

を無条件で賞賛し尊敬していた。彼の著作のなかでもとりわけ『要約福音書』と『民話』を高く評価していた」と語っている。

トルストイのウィトゲンシュタインへの影響の具体的な中身は後述するが、ここでは肉親や知人のことばを紹介しておく。姉ヘルミーネも、トルストイの『要約福音書』が彼を変えたという。復員して「いかなる財産も所有しない」と決心したとき、その変貌ぶりは頂点に達した。ウィトゲンシュタインは復員してからのちは質素な生活に徹したが、この生活態度はトルストイからきている。また、トゥールミンとジャニクは「ウィトゲンシュタインは〈人間に役立つ〉仕事——とくに肉体労働——だけが尊厳と価値をもつという意見をトルストイから学んだ」と語っている。第一章でふれたように、ウィトゲンシュタインは第一次大戦後、修道院で庭師の助手をしたり、第二次大戦中、英国の二つの病院で働いたりしたこともある（このときも、医療関係の機器を考案し、「技術者」としてのウィトゲンシュタインの才能が発揮された）。さらに、ヴフタールとヒュープナーによれば、「トルストイ、より正確にいうならばトルストイの目をもって見られたキリストは、ウィトゲンシュタインにその博愛という命令と共に、長い間求めてきた道をも示した。その道とは、学問とか制度化された教会の向こう側にあって、質素な生活を通して全体の幸福を可能にするはずのものであった」（『入門』）。

以上のように、ウィトゲンシュタインはトルストイから、とりわけ『要約福音書』や『民話』から大きな影響を受けた、とさまざまな研究書に書かれている。だが、いったいそのトルストイの作品はいかなるものなのか、ということについては、あまり多くは書かれていない。そこで、ウィトゲンシュタインが「戦火の中でも、片時も離さなかった」といわれる『民話』と『要約福音書』の内容を紹介しよう。

『民話』のなかでももっとも彼が愛したとされる「二老人」(一八八五年)については、さしあたり、次のことが重要である。エフィームという金持ち百姓の老人が、最後に、「この世では神がすべての人に、死の刹那まで、愛と善行をもってその年貢を果たすように命ぜられた」こと、つまり、愛とその実践の大切さを悟ったということである。

『要約福音書』は、「二老人」の発表より少し前の一八八一年、トルストイ五十三歳のときの作品である。この時期はトルストイにとってきわめて重要な意味をもつ。彼は自分の生涯を四つに分けているが、その最終の第四の時期は一八八〇年から始まり、宗教的色彩がきわめて濃厚になってくる。『懺悔』の執筆にとりかかったのが一八七九年、『教義神学の批判』の執筆を始め、ギリシア語の原典にまでさかのぼった『四福音書の統合と翻訳』に着手したのが一八八〇年である。このころトルストイは、教会の教えのなかに多くの誤りがあることを強く意識しはじめ、正教会から離れたいわゆる分離派教徒に対する正教会の態度に我慢がならなくなり、正教会の権威に従うことがますます嫌になった。『要約福音書』は、こうした過程で書かれたのである。

その『要約福音書』は、大部な『四福音書の統合と翻訳』の要約である（以下の論述は、中村白葉訳『要約福音書』（『宗教論・上』河出書房新社、一九七三年、所収）にもとづく）。かたちは四福音書の改作であるが、訳者の中村白葉が述べているように、『伝トルストイ福音書』と呼んでしかるべきものである。『四福音書の統合と翻訳』は四部構成だが、『要約福音書』はこの「第三部」から編纂されている。その「第三部」の内容は、「もっぱら福音書中に書きこまれたり、書き添えられたりしているキリストの教えのなかから、直接われわれに伝えられたものによってする、キリスト教の研究」である。そして、トルストイは「教義の真の理解にたいする証明は、個々の箇所についての論議のなかに存するのではなく、教義の統一・明瞭・単純・充実、および真理を求めるすべての人の内的感情と教義との適合のなかに存する」と断言する。

「要約」とはいっても、かなり大部なものなので、ここではトルストイの思想が凝縮されている「緒言」の内容のみを紹介する。この部分だけでも、ウィトゲンシュタインがいかに心酔したかがわかるはずである。

トルストイはキリスト教を「特殊な神の啓示としてでもなければ、歴史的現象としてでもなく」、「一個人の生に意義を与える教義」としてみている。彼がキリスト教に導かれたのは「神学的研究や歴史的研究によって」ではない。五十歳のとき、「自分とは何か」「わが生の意義はどこにあるのか」を自問し、周囲のあらゆる賢人たちにたずねて、「自分は原子の偶然な結合である」という答えをえた。また、「人生に意義はない、人生そのものが悪である」という賢人たちによる解答によって、彼は絶望におちいり、みずからを殺さんとまでした。けれども、信仰を持っていた子供のころには人生は有意義であったこと、また、周囲の信仰をもっていた人々——「そのうちの大部分は富貴によって堕落させられていない」——は人生の意義を獲得していたことを思い出して、トルストイは自分にあたえられた周囲の賢人たちの解答の真実性に、疑念をいだくにいたった。

トルストイは、キリスト教の源泉である福音書に、「すべての生ける人々の生活を指導する意義の説明を発見した」。しかし、この清浄な生命の水の源泉とならんで、彼はそこに、今日までその清浄を蔽っている泥土が混入しているのに気づいた。崇高なキリスト教の教えに付着している、それとは縁の遠いユダヤ教や「教会の醜悪な教義」にも気づいたのである。

もともと、トルストイは「人生の問題にたいする解答を求めたのであって、神学上の問題や歴史上の問題の解答を求めたのではなかった」。それゆえ、彼の主要な関心は、イエス・キリストが神であるか否か、聖霊は誰から生じたかなどということにあるのではない。また、いつなんぴとの手によってどんな福音書が書かれたとか、どんな比喩がキリストのいったものだとかいうようなことも、重要でもなければ必要でもない。彼にとって重要なのは、「千八百年間人類を照らし、過去において自分を照らし、現在また照らしつつある、この光そのものである」。

トルストイは次のように語っている。

今日われわれにとってもっとも習慣的となり、分かちがたいものとなっている虚偽の解釈の源は、キリスト教の名のもとになされるキリストの教えならざる教会の教え——キリストの教えのきわめて一小部分が含まれているにすぎない、矛盾きわまる文書の説明から成り立っており、歪められ折り曲げられている教会の教え——の宣伝にある。

こうした見解をもつトルストイにとっては、当然のことながら、「キリストの信仰と名づけうるのはただ、福音書中でわれわれに伝えられているキリストの啓示を最後の啓示とみとめる、その信仰だけである」ということになる。

そこで、次のような所見が述べられる。(1)教会は四つの福音書を選んだが、これらのもっともよい福音書を選びながらも、多くの歪みももちこんだ。教会が認めた福音書にも、多くのよからぬ箇所がある。(2)キリストの教えは神聖だが、その一字一句が神聖でありうるはずは断じてないし、また、人がそれを神聖であるというだけの理由によって、これまでの詩句が神聖になるということもない。(3)福音書は聖霊からわれわれに送られたものであるというような常套的見解に、惑わされないようにしなければならない。(4)福音書から不要な部分を切り捨て、各章句を比較対照してその意義を明らかにすることは、けっして非難されるべきことではない。むしろ、それをしないで一字一句を神聖視するのは不合理である。(5)トルストイの採らない教会の見解や、近来教養ある人々のあいだで常套的となっている、福音書に対する歴史的見解に惑わされるべきではない。

『要約福音書』においてトルストイは、自身の生の軌跡が育んだ独自の視点から四福音書を改作し、本来のイエス・キリストに、キリスト教の本質に迫ろうとしたのである。

このようなトルストイの『要約福音書』との出会いは、その後のウィトゲンシュタインの生き方を深いところで方向づけた。これはむろん、ウィトゲンシュタインがこの一書によってのみ、それまでの自分の生き方を清算し、トルストイの教えるところにしたがって生きることをただちに決意したというのではない。この書と出会う以前から、ウィトゲンシュタインとトルストイの考えには共通したところがあり、それゆえにトルストイの『要約福音書』に共鳴し、これを戦場においてすらも片時も離さなかったのである。けれども、この書によって、彼がそれまで明確には意識できなかった考え方が、明瞭になったことは疑いない。

さらに、筆者の憶測だが、もしウィトゲンシュタインが、トルストイが教育者として教育改革をおしすすめようと何度も試みたことを知っていたとすれば、これは彼が小学校の教師になったことの遠因の一つであるかもしれない。

最後に、ウィトゲンシュタインがトルストイの『要約福音書』につよく共感を覚えた部分、影響を受けたと思われる部分を簡略にしめしておこう。

(1)「信仰をもっており堕落していない人々には富貴な人は少ない」という見解↓ウィトゲンシュタインは除隊後、一切を放棄して、質素な生活を始めることになる。

(2)「崇高なキリスト教の教えに付着している教会の醜悪な教義」という捉え方↓「ドグマは……ブレーキに似ている。いわば、運動の自由を制限するために、人々の足に錘《おもり》がつけられたようなものである」(一九三七年、『断章』)。

(3)神学や歴史的研究の軽視↓「神学はなにかを言いたいのだけれども、表現のすべがわからないために、いわばことばを振り回しているのだ」(一九五〇年、『断章』)。「歴史的な証明(歴史的な証明ゲーム)は、信仰とはまったく無関係なのである」(一九三七年、『断章』)。

(4)福音書は「すべての生ける人々の生活を指導する意義」をもつという見解↓「宗教の信仰とは……ひとつの生き方、ひとつの生の判断の仕方なのである。そういう見方を情熱的に引き受けることなのだ」（一九四七年、『断章』）。

三　『草稿一九一四―一九一六』

「兵士」ウィトゲンシュタインは、従軍中にことばを絶するような体験や思いをすることが多々あったろう。戦場という特殊な場では、人は極限状態におちいる。中井久夫は、戦争中の彼の危機的体験がいかに激烈なものであったかを示すものとして、あるとき彼が「まるで失語症のようにことばが見つからず、文章が組み立てられなかったこと」を指摘している（「ルートヴィヒ」）。

しかし驚くべきことに、事実として、『草稿』は戦火のさなかで書かれたのであり、その内容の大部分は、論理学にかかわることである。個人的なできごとは、これと並行して書かれていた『秘密の日記』で存分に書かれているとはいえ、このことは驚くべきことであろう。極限状態におかれた人間の心理を他人が推し測ることはできないが、この場合も、ウィトゲンシュタインの生きる姿勢、つまり、生きている現在／この瞬間を充実させるという姿勢を思いおこせばよいのではないか。さらに、第一章で示したように、「真理探究の情熱に燃える哲学者は、そのための議論の途中で死んでも冥利に尽きる」のだし、自らが死に直面しているときにドゥルーリーに語ったように、「死を目前にしても来世ではなく、現世に関心があり、生き続ける限り著述に専念したい」のだ。このように考えるウィトゲンシュタインにとっては、周囲が戦場であるかどうかは問題ではない。自己の天職つまり哲学に邁進すべきなのであり、そのために命を縮めようと落とそうと、それはいわば本質にかかわりないことである。彼は戦場においても、自分のなすべきことと、自分の生死や周囲の悲劇とを区別していたのではないか。

『秘密の日記』には「仕事」の進捗状況についての頻繁な書きつけがある。この「仕事」というのは、軍隊における兵士としての「仕事」ではなく、多くの場合には、「哲学の研究」のことをさす。このことからも、ウィトゲンシュタインは従軍中といえども、自分の哲学的思索を追求することに余念がなかったといえる。そもそも『秘密の日記』の最初の日記には「はたして僕は今後仕事ができるのだろうか⁈⁈！　来るべき〔軍隊での〕生活を思うとわくわくする！」（一九一四年八月九日）とある。

右のように解釈すると、戦火のさなかで『草稿』を書きつづけたことや、その内容の大部分が論理学に関係したものであることも理解できる。しかしながら、そこには、本来なら左のページに書かれるべきことがら、つまり、彼の宗教観や人生観にかかわることがらが書かれていないわけではないのだ。

以下では、最初期の『草稿』にある論述と最終期にある論述とに目をむけよう。

「語りうる」事実的世界のことがらと「語りえない」宗教や倫理の世界のことがらとを峻別するという考え方は、ウィトゲンシュタインの生涯を貫く基本的な思惟の枠組みとなっているが、この考え方の萌芽は一九一四年、彼が二十五歳のとき書いたものにみることができる。

> 次のような哲学の問いが与えられたとしよう。例えば、「Aは善い」は主語―述語命題か、あるいは、「AはBより明るい」は関係命題か、といった問いである！　そもそも、このような問いにいかにして決着がつけられるのだろうか⁉（九月二日）。
>
> もし私が「pという事態が成立しているのは、善いことだ」と語るなら、その場合、このことはまさにそれ自身において善くなければならない（九月二一日）。

難解ではあるが、これらはきわめて重要なことを述べている。すなわち、「善い」という価値を表現する形容詞は、「明るい」「丸い」などといった事実を記述する形容詞と一見おなじような働きをするようであっても、実はその性質は根本的に異質だということである。「明るい」「丸い」などという形容詞をつかって世界が記述されるとしよう。こうした形容詞で記述される世界と、記述された世界が「善い」か「悪い」かは、全然次元の違うことがらに属するということだ。「pという事態が成立しているのは、善いことだ」という「善い」という価値判断をふくんだ命題は、通常の「主語―述語命題」ではない。「明るい」「丸い」などといった記述的形容詞によって記述される事態は世界に属していても、「善い」という形容詞によって価値判断がくだされる事態は、世界に属していないのである。ここから、「世界の善し悪し」は、世界の内側にあるのではなく、世界の外側にあることになる。

こうして、右の『草稿』の引用のうちに、後にみる『論考』の主張、つまり「世界の内側にはいかなる価値も存在しない」、「倫理の命題は〔世界の内側には〕存在しえない」といった主張の淵源をみることができる。

また、論理学についての記述が多いなかで、ときおり異質な内容がみられる。たとえば、一九一六年には、次のようなことばがみえる。

> 現代人の世界観全体の根柢には、いわゆる自然法則が自然現象の説明である、という迷妄が存在する。
>
> かくして、古代の人々が神と運命のところで立ち止まったように、現代の人々は不可侵なものとしての「自然法則」のところで立ち止まるのである。

そして、両者ともに正しく、またいずれもまちがっている。だが、明らかな終焉を承認した限り、古代人の方が一層賢明であった。他方、新たな体系の方では、すべてが根拠づけられているかのように思われているのである。(五月六日)

この考え方はのちに、ほとんど同じかたちで『論考』に現われるのだが、人間の生という問題を考えるとき、事実の世界や記述し尽くせる世界のことがらについての学問や科学はさほど重要ではないことを示唆している、といえよう。この種のことばは、晩年にも、姿を変えて現われてくる。次のことばは、ウィトゲンシュタインが生きた時代よりも現代において、さらなる迫真性をもっているのではないか。

「科学と技術の時代は、人類の終わりのはじまりである。大いなる進歩という理念は、真理の究極的認識という理念とおなじく、のぼせあがった理念である。科学的な認識には、よいもの、望ましいものがどこにもない。科学的認識を窮々と追究する人類は、罠にはまる」。そうではない、とはどこからながめても言い切れないのだ。(一九四七年、『断章』)

科学と産業は、限りなく嘆いたのちに、そして限りなく嘆きながら、世界を統一するのではないだろうか。世界を一つのもの――つまり平和がもっとも顔を見せそうにない世界――にするのではないだろうか。というのも、科学と産業こそが、戦争を決定するのだから。（傍点原著者、一九四七年、『断章』）

先述したように、ウィトゲンシュタインたちの部隊は、一九一六年の六月から、ブルシーロフ攻勢と呼ばれるロシア側からの激しい攻撃を受けた。彼はこのときの戦功により叙勲されるのだが、この戦いは戦史にのこる激戦であった。黒崎宏も述べているように、ウィトゲンシュタインは「自己の存在の根柢をゆるがすような経験をし、世界と自己の関係について、悟るところがあったのではないか。とにかく、彼の手稿〔『草稿』〕は、この猛攻撃を境にして、一変する」（『生涯と哲学』）。

その「猛攻撃」の後に書かれた、「神」にかかわる記述を引用しよう。

神と生の目的とに関して私は何を知るか。……

生の意義、すなわち世界の意義をわれわれは神と称することができる。……

祈りとは世界の意義についての思索である。（六月一一日）。

神を信じるとは、生の意義に関する問いを理解することである。

神を信じるとは、世界の事実によって問題が片づくわけではないことを見てとることである。

神を信じるとは、生が意義をもつことを見てとることである。……

いずれにせよ、われわれは、ある意味で依存している。われわれが依存しているもの

を、神と称することができる。（七月八日）

また七月八日には、人間の幸福や生と死についてのことばもみえる。

たとえ死を前にしても、幸福な人は恐れをいだいてはならない。

時間の中にではなく、現在の中に生きる人のみが幸福である。

現在に生きる生にとって、死は存在しない。

死は生のできごとではない。死は世界の事実ではない。

もし永遠ということで、無限な時の継続ではなく、無時間性が理解されているのなら、現在の中で生きる人は永遠に生きる、と語ることができる。……

死を前にした恐怖は、誤った、つまり悪しき生のもっとも顕著な印である。

この「永遠」という考え方は、十月七日の記述にも現われる。

善い生とは永遠の相の下にみられた世界である。……

日常の考察の仕方は、諸対象をいわばそれらの中心から見るが、永遠の相の下での考察は、それらを外側から見るのである。

このような記述が『論考』の最終部分を形成するのだが、第四章で詳述するように、ブルシーロフ攻勢は、『草稿』ひいては『論考』の内容を、論理学的・言語哲学的なものから、宗教的・倫理的・人生論的なものへと一転させたのである。

第三章 「語りえないもの」としての宗教

一 『論理哲学論考』と「語りえないもの」

本書とのかかわりで「『論理哲学論考』とはいかなる書物か」を述べると、次のようになる。(1)「命題によって世界を記述することは可能だ」(『草稿』一九一四年一〇月一九日)などという着想を洗練させ、「命題(言語)がいかに世界のありさまを写し取るか」をめぐって突き詰めた思索を展開したうえで、(2)ブルシーロフ攻勢での激烈な戦闘体験により、神や宗教の領域と自分が生きている事実的世界との狭間で思索を展開した、七年ほどのプロセスがうみだした書物である。

ウィトゲンシュタインは、わが国でも邦訳全集が刊行され関連図書も多数出版されている、人気哲学者である。けれども、生前彼が出版できた書物は、さきに挙げた『小学校の

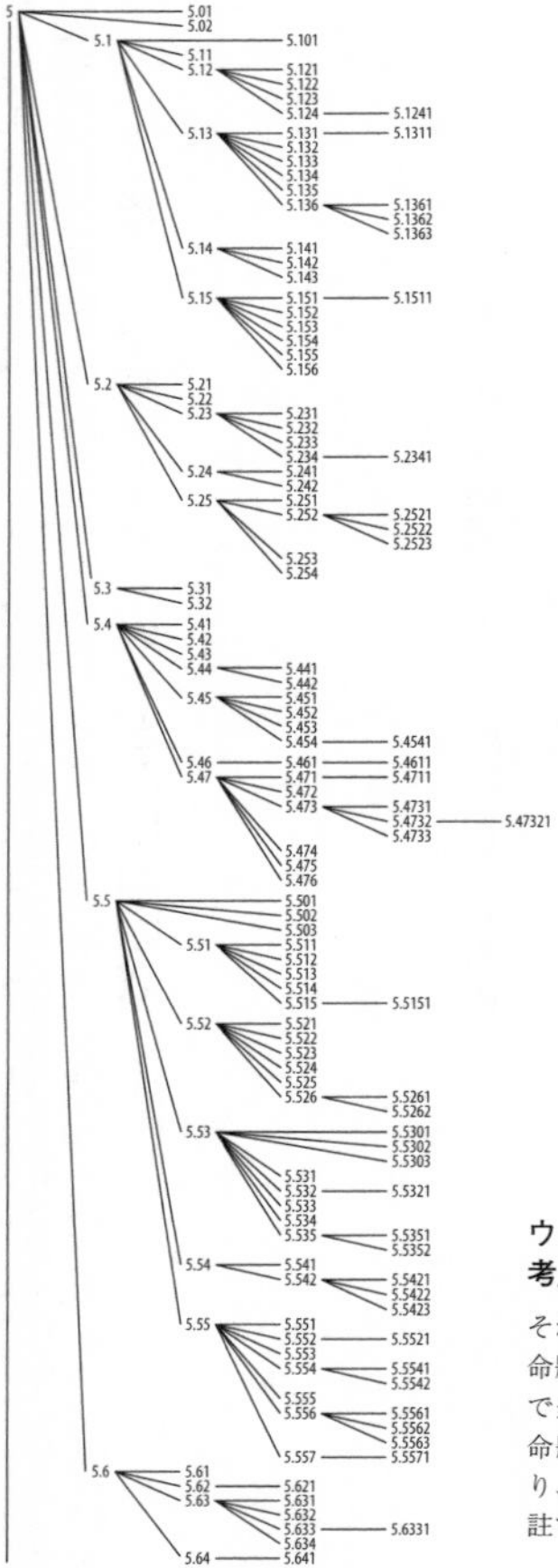

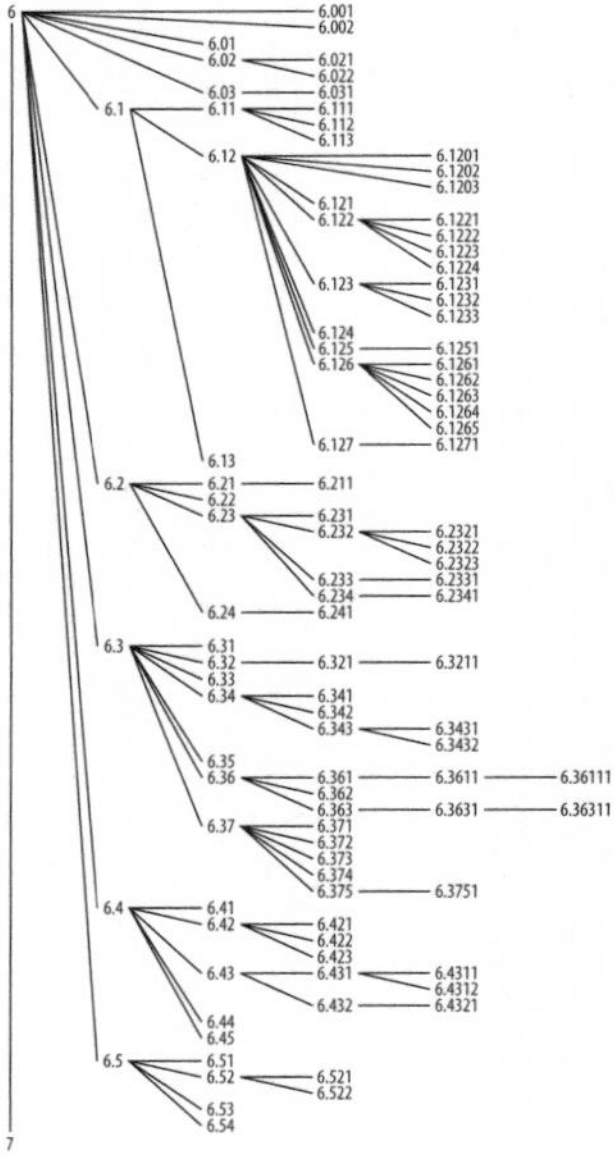

ウィトゲンシュタイン自身による『論理哲学論考』の「命題番号１」への註

それぞれの命題に番号として付けられた小数は、当の命題がもつ論理的な重要さを、つまり、私の論述の中で当の命題に与えられた強調の度合いを示している。命題 n.1、n.2、n.3 などは、番号 n の命題への註であり、命題 n.m1、n.m2 などは、番号 n.m の命題への註である。以下同様。

※本書で議論の中心となる「命題７」には「註」が一切なく、これは例外的な重要さをもつ。もっとも長い「4.12721」や「6.36311」などは、「命題４」や「命題６」などに対して重要性が第５ランクの命題となり、それほど重要な命題ではないことになる。ただし、これらの番号をもつ多数の命題が体系的に論理的に秩序だって整理されているかというと、必ずしもそうではない。

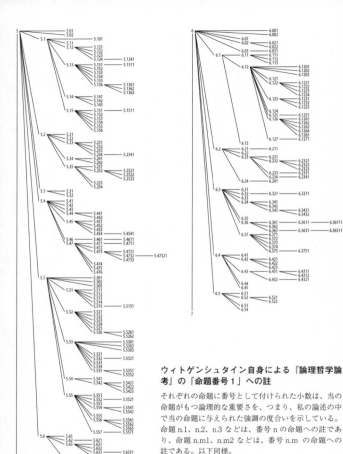

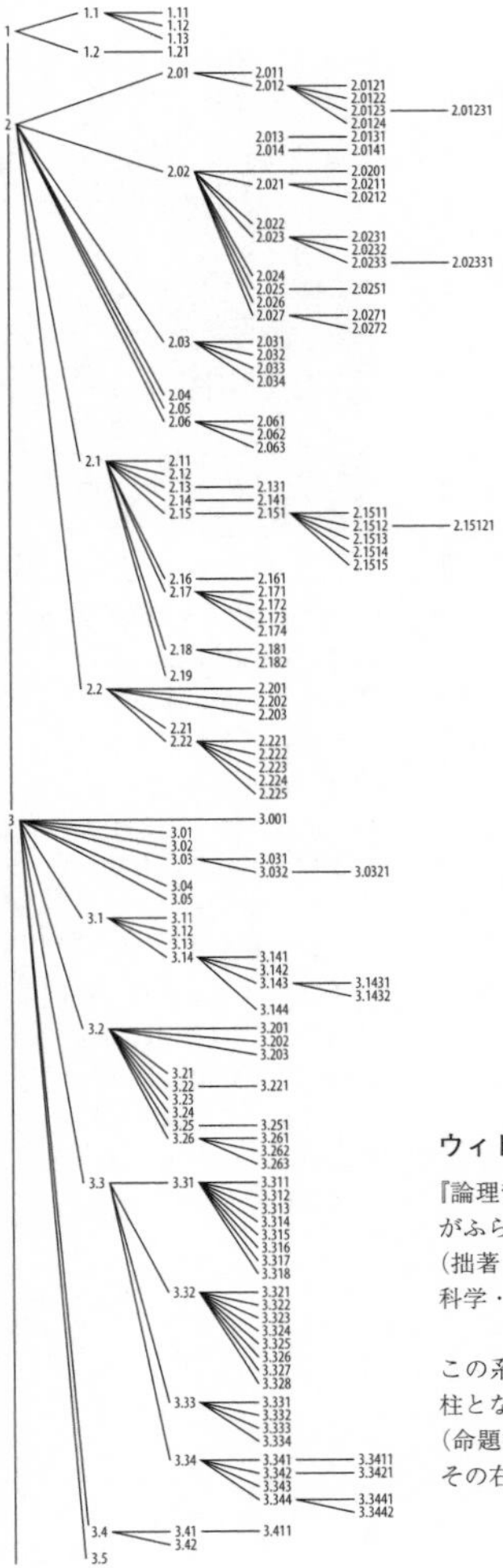

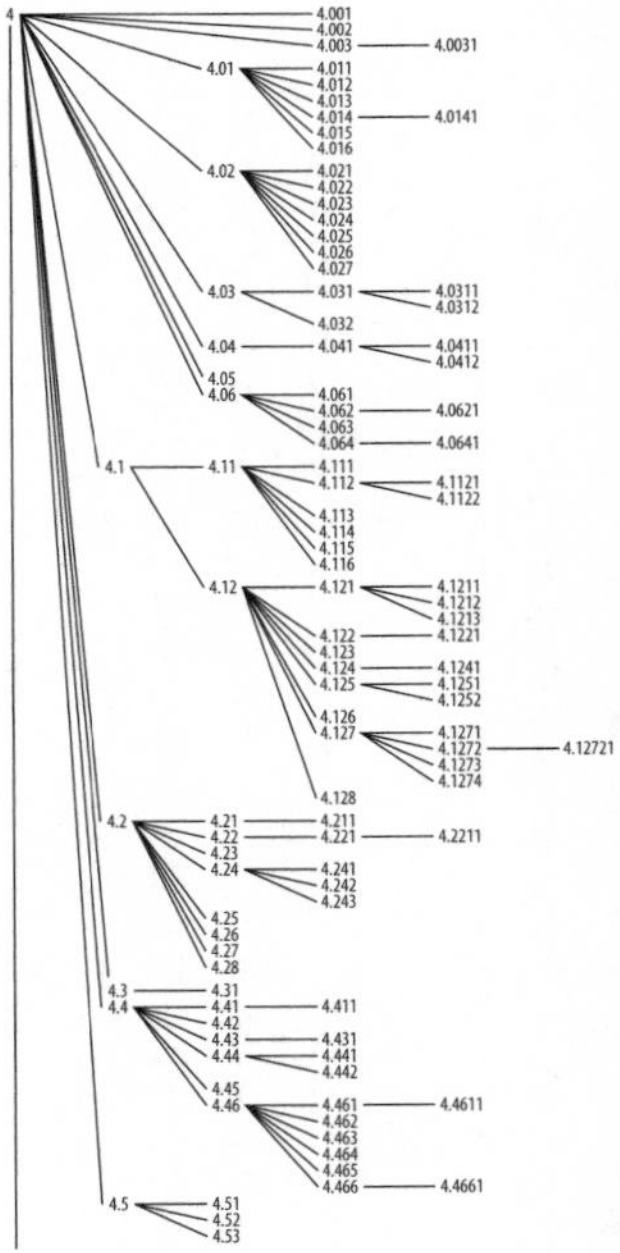

ウィトゲンシュタイン『論理哲学論考』の系統樹

『論理哲学論考』の命題（文）には、すべて命題番号がふられている。それを図示するとこのようになる。（拙著『宗教哲学論考――ウィトゲンシュタイン・脳科学・シュッツ』明石書店、2017年より転載）

この系統樹では、各ブロックの左端に、『論考』の支柱となる命題番号がある。すなわち、一番左に命題１（命題番号１）と命題２と命題３、その右に命題４、その右に命題５、一番右に命題６と命題７がある。

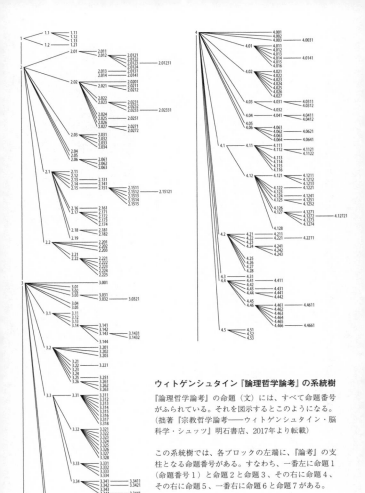

ための辞書』を別にすれば、『論理哲学論考』のみである。しかも、『論考』は小さな書物である。筆者がいま手にしているズーアカンプ社刊のドイツ語版は、新書判で百ページほどしかないものだ。しかし、これによって彼は哲学者として不動の名声を獲得し、ケンブリッジ大学より「哲学博士」の学位を授与されたのである。『論考』の出版にいたる経緯は紆余曲折をへているが、まず、それを簡単に述べておこう。

第二章で述べたように、ウィトゲンシュタインは従軍中にも『論考』を書きつづけ、一九一八年八月、休暇でウィーンにいたときに完成させた。除隊後、ブラウミュラー社、雑誌『ドイツ観念論論集』、フィッカーが主宰する文芸誌『ブレンナー』といった出版社・雑誌と交渉をするが、いずれも刊行を引き受けなかった。こうしたなかで、ウィトゲンシュタインは、一九一九年の暮れにラッセルとオランダのハーグで会い、『論考』の内容を

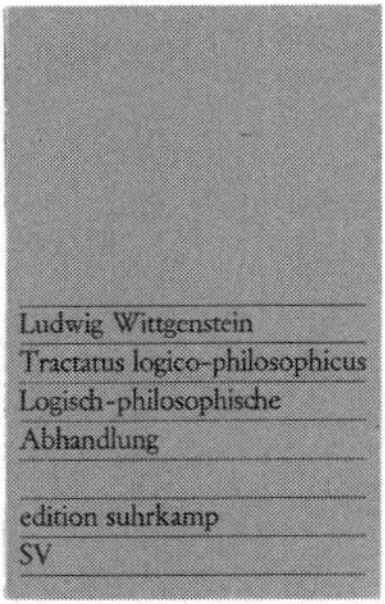

筆者のもっているズーアカンプ社版の『論理哲学論考』の表紙。1922年に英独対訳版が出版されたとき、ムーアが提案した“Tractatus Logico-Philosophicus”というタイトルが採用された。だが、もともとウィトゲンシュタイン自身が考えていたタイトルは「論理的—哲学的論文」(Logish-philosophische Abhandlung)であった。この表紙には、それら2つのタイトルが併記されている。

つぶさに説明した。ラッセルは『論考』の出版を容易にするため、解説を書くことを約束してくれ、しばらく後でそれがウィトゲンシュタインあてに送られてくる。だが、彼はこの解説が気にいらず、ラッセルの解説をつけて出版することを拒否してしまう。その結果、ウィトゲンシュタインが最後の頼みとしていた出版社のレクラムは刊行を拒否した。

その後、ウィトゲンシュタインは『論考』の出版交渉を自分で行なうのはやめ、ラッセルに一切を委ねることにする。中国に行くことになったラッセルから、出版の依頼を頼まれたドロシー・リンチ嬢は、ケンブリッジ大学出版局およびドイツの三つの雑誌『心理学と感覚器官の生理学のための雑誌』『体系的哲学のための雑誌』『自然哲学年報』と交渉する。けっきょく『自然哲学年報』に、「論理的―哲学的論文」として、一九二一年秋にドイツ語のみで掲載されることになる。しかしながら、ウィトゲンシュタインはその校正に関与しておらず、誤植が多く、論理記号も彼が用いたものではなかった。そこで、彼はこれを「海賊版」と決めつけてしまう。翌年ラッセルの尽力もあり、ルートレッジ・アンド・キーガンポール社から英独対訳版が出版された。このとき、ムーアが提案した「論理哲学論考」（Tractatus Logico-Philosophicus）というタイトルが採用され、英訳の改訂をへて今日にいたるのである。合計四つの出版社と五つの雑誌と交渉したことになるが、ほかにも立ち消えになった話もある。

つぎに『論考』のスタイルについてふれておく。これは、画期的なスタイルで書かれている。まず骨組みをなす七つの基本命題があり、それを補足するかたちで、次々と細かな命題番号が付されていくのだ。たとえば、命題番号「一」に対して、その補足「一・一」、その補足「一・一一」などという具合に（『論考』の系統樹参照）。

それは、歴史的な原典研究とか、資料を博捜して出典箇所を明示するという旧来のアカデミックなやり方とは、まったく異なっている。ウィトゲンシュタイン自身、「私の考えたことが、すでに他人によって考えられていたかどうかということに、関心はない。いかなる出典も引用しなかったのは、そのためである」と「序文」で述べている。ヴフタールとヒュープナーのことばを借りれば、「彼の仕事を規定しているのは、問題にたいする正面きった攻撃性と、厳密に首尾一貫したかたちで最後まで考え抜いたところに得られる徹底性であった」（『入門』）。

『論考』の記述内容は考え抜かれ、その文章は練りに練られており、かつまた名文である。この著作は、「世界は成立している事柄の総体である」、「世界は事実の総体であって、物の総体ではない」に始まり、「読者はこの書物を乗り越えなければならない。そのとき読者は世界を正しく見るのだ」、「人は、語りえないものについては、沈黙しなければならない」に終わる。きりつめられた文体は明瞭で、緊張感をはらみ、その流れるようなリズムは人の心を打つ。彼の文章については、ヴリクトも「ウィトゲンシュタインの業績で、今後ますます注目をひく面は、その文章である。将来、ドイツ文章史の古典的作家のなかに彼が名を連ねなかったとしたら、その方が不思議であろう」（「小伝」）と述べている。

『論考』の内容は、大ざっぱにいって全体の九割以上が論理学の論述であり、それも技術的な手続きについてのものである。論理学の専門家でない者が『論考』に書かれた内容を正確に理解するのはきわめて困難である。けれども、その最後の部分（命題番号「六・四」以降）では、宗教・倫理・価値・人生などについて語られている。

われわれの考察の眼目は、『論考』におけるこの最後の部分にあるのだが、その箇所を理解するためにも、論理学について書かれていることがらの骨子だけは押えておきたい。

まず、「写像の理論」について。これは一言でいえば、「命題（文）は事実／現実の描写である」という考え方である。一九一四年一二月までのヴィスワ河の艦上勤務の時期に、ウィトゲンシュタインは、新聞か雑誌で、パリの法廷での模型による自動車事故の再現図をみて、「像は一種の命題である」ことを思いついたという。『草稿』の一九一四年九月二九日には、「命題において、世界は実験的に構成される（パリの法廷で自動車事故が人形〔や自動車の模型〕その他で描出される場合のように）」と記している。こうしたアイデアが、後日『論考』において、「命題は実在の像である」とか「命題は、像である限りにおいてのみ、何事かを言明する」といった主張となって再現されるのである。

このエピソードを踏まえて、世界と命題とのかかわりを考察しよう。「マリリン・モンローは、コーヒーを白いカップに注いだあと、スプーン一杯の砂糖を入れた」ということを考えてみる。この一連の行為には「マリリン・モンロー」「コーヒー」「白いカップ」「スプーン一杯の砂糖」といった、ある一連の事実を構成する要素（対象）がある。これに対応して、「名辞」と呼ばれるものがある。これらが基礎となって、(1)「マリリン・モンローは、コーヒーを白いカップに注いだあと、スプーン一杯の砂糖を入れた」という、単語と助詞の結合によって表現された「命題」と、(2)「マリリン・モンローは、コーヒーを白いカップに注いだあと、スプーン一杯の砂糖を入れた」という、実際に彼女が行なった「事実」とが構成される。そして、両者のあいだには対応関係がみられる。世界とはこうした事実の厖大な集まりであり、そうした事実の集まりは命題によって描写されるのである。これを念頭において、『論考』の内容をすこしばかり覗いてみよう。

「世界」については次のように述べられている。「世界は成立している事柄の総体である」。「成立している事柄、すなわち事実とは、いくつかの事態の成立である」。「事態とは、対象（事物、物）の結合である」。「対象は単一である」。ゆえに、『論考』における世界は、「単一の諸対象」→「諸事態」→「諸事実」→「世界」という順序で構成されていることになる。

　これと並行して、「命題」をめぐっては、次のように述べられている。「命題を分析すると、最後は明らかに、名辞が直接結びついて構成する要素命題にいたるに違いない」。「要素命題は名辞から成立する。要素命題はいくつかの名辞の結合・連鎖である」。ゆえに、「諸名辞」→「諸要素命題」→「諸命題」という図式ができる。

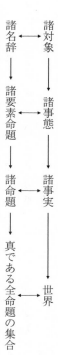

　そして、それらの二つのカテゴリーのあいだには対応関係があることが論じられる。「名辞は対象を指示する」、「要素命題はある事態の成立を主張する」、「命題はある事実がこれこれであるということを語る」、「命題は現実の像である」。以上のことを要約して図示すると、以下のようになる。

諸対象	→	諸事態	→	諸事実	→	世界
↕		↕		↕		↕
諸名辞	→	諸要素命題	→	諸命題	→	真である全命題の集合

　この二つのカテゴリーの「対応」について、前とはちがう具体例をあげながら説明したい。バッハは無伴奏チェロ組曲を作曲したが、これは楽譜に書かれている。チェリストはこの楽譜をみながらチェロを演奏する。彼の演奏が（やや古い例だが）コンパクト・ディスクなどに記号化されて録音され、われわれはスピーカーから流れ出る演奏、ひいてはバ

ッハの魂にわいてきた旋律にふれることができる。このとき、バッハの心に浮かんできた「旋律」、かかれた「楽譜」、ディスクにつけられた「コード」、チェリストが演奏しスピーカーから流れてくる「音」などには、形態こそちがえ「なにかこれらのすべてに共通なもの」があることが想定されるだろう。そうでなければ、上記の一連の音楽的な伝達は成立しない。これに相当するものが、「論理形式」である。「写像」の理論を唱え、命題は事実／現実を「描写する」と主張する彼の立場からすれば、ある命題がある事実／現実の「像」である限り、その命題は当の事実／現実と同一の「構造」を共有しなくてはならないであろう。こうした二つのカテゴリーの対応関係を保証するものが、「論理形式」と呼ばれるものなのだ。

そして、命題と事実／現実との対応が「論理形式」によって保証されるとすれば、次に、諸命題の結合の仕方の理論である「真理関数」の理論を確立すれば、有意味な命題で語りうるものごとの範囲が決定できる。これと同時に、「語りえないもの」(語りうるものごとの範囲に入らないもの）を示すことができることになる。

その「真理関数」の理論とは、次のようなものである。「バッハはモーツァルトよりも年長だ」「モーツァルトはベートーヴェンよりも年長だ」という二つの命題があるとする。この二つを総合して「バッハはモーツァルトよりも年長であり、かつ、モーツァルトはベートーヴェンよりも年長である」という複合的な命題をつくることができる。この場合、二つの命題が双方とも「真」であるときにのみ、「かつ」という接続詞をもちいて構成された複合命題も「真」である。いいかえれば、双方とも「偽」であるとき、またはいずれか一方が「偽」であるとき、この複合命題は「偽」であることになる。

また、「バッハはモーツァルトよりも年長であるか、または、モーツァルトはベートーヴェンよりも年長である」という複合命題をつくる場合には、二つの命題が両者とも「真」であるか、いずれか一方が「真」であれば、この複合命題は「真」であることになる。いいかえれば、二つの命題がともに「偽」であるときにのみ、この複合命題は「偽」となる。このように、個々の命題からつくられる複合命題の構成のされ方と、その真偽を決定するための理論が「真理関数」の理論である。

以上が、『論考』の支柱をなす「写像」の理論と「真理関数」の理論の概略だが、「人は、語りえないものについては、沈黙しなければならない」という『論考』をしめくくる沈黙律の「語りえないもの」の具体例としては、いま述べた命題のなかに示される「論理形式」のほかに、「形而上学的主観」「価値」「神秘的なもの」「世界の意義」など、多種多様なものがあるとされる。このことから、『論考』は「語りうる」ものの範囲がいかに狭いものであるかを示している、ともいえる。これは、ウィトゲンシュタイン自身が「序文」

で、「私はさまざまな問題を本質において最終的に解決したつもりである」と断言しながらも、すぐ続けて次のように述べている点に端的に現われている。

この著作の価値は第二に、諸問題が解かれたとはいえ、このことによって、いかにわずかの成果しかもたらされなかったか、を示している点にある。（傍点引用者）

大洋に浮かぶ島にたとえれば、島の内側からその海岸線を明確にしようというのが『論考』の方法論である。だが、その眼目は違う。島の内側から、地面に足をつけたままで海岸線を明確にしても、大洋のほんとうの巨大さは理解できない。視点を変えて、大洋の方から、それもその上空から島をみれば、その島がいかに小さなものであるかが理解できる。右の『論考』の「序文」の最後のことばはこうしたことを述べているのだ。

ところで、宗教者としてのウィトゲンシュタインを理解するためには、なんといっても『論考』の最後に集中して見られる倫理・価値・宗教・人生などをめぐる諸命題を検討しなければならない。

「すべての命題は等価値である」（六・四）から、「語りえないもの」についての論及がはじまり、「世界の内にはいかなる価値もない」ことが述べられる。

世界の意義は世界を超えたところに求められるに違いない。世界の中のすべてはあるがままにあり、生起するがままに生起する。世界の内にはいかなる価値も存在せず、またたとえ存在したところで、その価値にはいかなる価値もないであろう。

かりに価値のある価値が存在するなら、その価値はすべてのできごと、すべての様相のかなたに横たわっているに相違ない。すべてのできごと、すべての様相は偶然的であるがゆえに。

それを偶然的ではないとさせるところのもの、これは世界の内にはない。もしそれが世界の内にあるなら、それはふたたび偶然的となるであろう。

それは世界を超えたところに求められるに違いない。（六・四一）

そこで、当然のことながら、価値の表現である「倫理の命題は存在しえない」（六・四二）ことになる。また事実的なことしか表現できない命題は、「より高貴なるもの」をなに一つとして表現することができない（同）。ひっきょう、「倫理をことばになしえぬことは明らか」（六・四二一）なのだ。このように、倫理がこの世界の「内側」にはいってこられないのであれば、「倫理が日常の意味における懲罰・褒賞とかかわるものでないことは明白である」（六・四二二）。そこで「行為の帰結を問うことは、意味がないに違いない」（同）ということにもなる。そして、これは「時間・空間のうちに生きる生の謎の解決は、時間・空間のかなたに求められる」（六・四三一二）ことに結びついていく。

さらに、次のように続けられる。

世界がいかにあるかは、より高貴なるものにとっては、全くどうでもよいことだ。神は世界のなかには現われない。（六・四三二）

言い表わせぬものが存在することは確かである。それは自らを示す。それは神秘的なものである。（六・五二二）

人は、語りえないものについては、沈黙しなければならない。（七）

ウィトゲンシュタインは「世界の内にはいかなる価値も存在しない」と明言している。命題のかたちで記述しつくせる領域には、つまり事実／現実の世界の内側には、「価値」や「より高貴なるもの」は存在しない、というのである。しかしながら、右にみた存在を否定する表現、「～ない」「～は存在しない」という表現は、存在が否定されるものは、世界の「内側」になくとも、世界を超えたところに存在することを示しているような響きをもつ。「かりに価値のある価値が存在するなら、その価値はすべてのできごと、すべての様相のかなたに横たわっているに相違ない」ということばは、「あらゆるできごとや状態を超越したところ」に、すなわち世界の「外側」に、「価値」や「より高貴なるもの」「神秘的なもの」「世界の意義」などが存在していることを暗示しているとも解釈できる。

第二章で述べたように、ウィトゲンシュタインは生涯にわたって「生の問題」と真剣に取り組んでいた。晩年「生の問題は、表面においては解決できない。それは、深いところでしか解決できない」（一九四八年、『断章』）と嘆息を洩らしている。彼にとって「学問・科学の問題に私は興味を覚えるが、本当に心をひかれるということはない」（一九四九年、同書）のである。こうした晩年の告白に呼応することばが『論考』にもみえる――「われわれは、学問・科学の一切の考えうる問題が解決されたとしても、なお生の問題はいささかも片づいていない、と感じている」（六・五二）。そしてこれを敷衍するくだりで、「言い表わせぬものが存在することは確かである。それは自らを示す。それは神秘的なものである」（六・五二二）と論じて、「神秘的なもの」の存在を肯定している。

また、『論考』の原稿を読んだラッセルの質問に対して、ウィトゲンシュタインは次のように返事を書いている。

> あなたは私の主要な論点を理解していないのではないか、と心配です。主要な論点からすれば、論理的命題にかんする作業全体は、たんに付随的なものにすぎません。重要な点は、命題によって――つまり、言語によって――表現しうるもの（語りうるもの）……と、命題によって表現されえないで、ただ示されうるものに関わる理論です。この理論こそ、哲学の枢要な問題です。（一九一八年八月一一日）

「語りえないもの」が、いかにウィトゲンシュタインにとって貴重なものであるか、が読みとれるだろう。

くわえて『論考』出版後十年ほどたって、「言い表わせないもの（私にとって秘められていると思われ、表現できないもの）が……私の語ることに意味を与えてくれる背景となっているのだ」（一九三一年、『断章』）とも論じている。

最後に、文芸雑誌『ブレンナー』を主宰するフィッカーあての有名な手紙を紹介しておく。そこでは、『論考』の意図するところは「倫理的なもの」である旨が力説されている。「倫理」ということばが使用されているが、ウィトゲンシュタインは倫理と宗教をそれほど厳密に区別していない。たとえば、「何かが善であれば、それは神的でもある。ここに、奇妙にも、私の倫理学が要約されている」（一九二九年、『断章』）と述べているように、ウィトゲンシュタインの思惟においては、宗教と倫理とは密接に結びついているのだ。だから、以下で倫理について論じるときでも、それは宗教と密接な関係にあると解して大過ない。そのフィッカーあての手紙（一九一九年、晩秋）には、次のように書かれている。

私の書物は倫理的なものをいわば内側から限界づけています。そして、倫理的なものは、厳密には、そうすることによってのみ限界づけられる、と確信しております。要するに、私は本書において、今日多くの人々が駄弁を弄しているあらゆる事柄について沈黙し、このことにより、倫理的な事柄に確固たる位置を与えたことを信じています。……私はあなたに序文と結論を読むことをおすすめします。というのは、これらが本書の趣旨をもっとも端的に表現しているからです。その「序文」には、さきに引用したように、「この著作の価値は……諸問題が解かれたとはいえ、このことによって、いかにわずかの成果しかもたらされなかったか、を示している点にある」とあり、「結論」は「語りえない」ものについての言及に溢れている。

さらに、このフィッカーあての手紙では、次のようにも述べられている。

かつて私は序文に、ある文章を入れようと思いました。……いま私はあなたにその文章を書き記します。……「私の成果は二つの部分から成り立っている。すなわち、ここに書いて見せる部分と、書かなかった部分〔「語りえない」ものごと〕のすべてからである」というものです。そして、まさにこの第二の部分が重要なのです。

これらの引用から、ウィトゲンシュタインは宗教＝倫理的なものが彼の思索と生にいかに重要な意味をもっていると考えていたか、が理解できよう。彼をたんなる言語哲学者、理性のみはたらかせて感性を殺した哲学者として捉えることは、まったくの誤りなのだ。

ただしこの点に関しては、「フィッカーあての手紙でウィトゲンシュタインが力説していることは、『論考』の〈倫理的側面〉のみを強調しすぎている」という反論も考えられる。「そのフィッカーへの手紙というのが、実は、ウィトゲンシュタインがフィッカーへ『論考』をいわば売り込むためのものであったから」（黒崎宏『哲学と生涯』）という見方もある。たしかに、『論考』の出版にそれまで二度も失敗しているウィトゲンシュタインが、倫理に興味のあるフィッカーの関心にあわせて、『論考』を売り込むためにこうした手紙をしたためたことは想像できる。

しかし仮りにそうだとしても、ほかの資料や友人に語ったことと考えあわせてみれば、これがその場しのぎの作り話であるとは考えられない。先の一連の引用に加えて、ウィトゲンシュタインとウィーン学団のメンバーとの対話を収録した『ウィトゲンシュタインとウィーン学団』から、次のことばも紹介しておこう。

私が思うに、倫理についてのあらゆる無駄口——倫理的認識は存在するか否か、倫理的価値は存在するか否か、善は定義されるか否かなど——に終止符をうつことは重要である。(一九二九年)

こうしたウィトゲンシュタイン自身のことばから、『論考』の眼目は、価値の問題にかかわる事柄は事実/現実を描写する記述的な命題(言語)があつかえる範囲の外にあり、それゆえ「語りえない」ことを強調することであった、といえる。ウィトゲンシュタインの思惟においては、厳然たる哲学的事実として、宗教=倫理的なものごとは、「写像」「真理関数」「論理形式」などの諸理論によっては割り切れないから、「語りえない」のである。それゆえ、こうしたものは、われわれの有意味な言語活動のなかに、その内実を伴っては入ってこられない。この点については、彼は後述する論理実証主義者たちとまったく同一の見解をとっている。

たしかに、宗教＝倫理に関わることがらは「語りえない」領域に属するが、だからといって、こうしたものはその存在を否定されるのではない。むしろ、これまで示してきたように、あるいは「〈知識は灰色〉。だが、生と宗教は色どり豊かである」、「宗教は、いわば、もっとも深くにある静かな海底だ。海面でいかに波が逆巻こうと、その海底は静かなままである」、「人間にとって永遠なもの、大切なものは、しばしば不透明なヴェールによって覆い隠されている」（『断章』）などと語られるように、価値あるものとして積極的に位置づけられているのだ。

最後に、宗教＝倫理にかかわる事柄は「語りえない」ことを論じた箇所を、『ウィーン学団』からもう一つだけ引いておく。

シュリック〔論理実証主義の創始者〕は、神学的な倫理学には善の本質について解釈が二つあるという。表面的な解釈によれば、善がよいものであるのは、神がそれを欲するからである。より深い解釈によれば、神が善を欲するのは、それがよいものだからである。私の考えでは、最初の解釈のほうがより深い解釈である。つまり、神が命じるものがよいのである。というのは、この解釈は「なぜ」それが善であるかという、なんらかの種類の説明を求めようとする筋道を断ち切ってしまうからである。これに対して、二番目の解釈は皮相で合理主義的な解釈である。それは善きものについて、さらにそれ以上のなんらかの基礎づけを与えることができる「かのように」考えているのである。……

語ることは宗教にとって本質的なことだろうか。私ははっきりとある宗教を思いうかべることができる。だが、その宗教には教義がなく、それゆえ、そこでは何も語られない。明らかに宗教の本質は語られるということとは全く関係がないのである。（傍点引用者、一九三〇年）

二　論理実証主義とウィトゲンシュタイン

多くの論理実証主義者たちは、ウィトゲンシュタインを自分たちの仲間だと思っていた。しかし、両者に共通点はあるが、根本的なところではまったく対立する見解を両者は抱いていた。

ウィトゲンシュタインと論理実証主義の担い手である「ウィーン学団」との関係はどのようなものであったのか。一九二二年に数学者のライデマイスターが、ウィトゲンシュタインの『論考』についてのセミナーをウィーンで行なったところ、参加していた論理実証主義運動の創始者であるシュリックは深い感銘を受けた。シュリックがウィトゲンシュタインに手紙を書いたところ、彼はこれに応えた。そして、時間はたったが、一九二七年に二人はウィーンで会うことになる。このとき、ウィトゲンシュタインに会ったシュリックについて、シュリック夫人が次のように書きとめている――「モーリッツは魅了されつくした表情で帰宅して、ほとんど口をききませんでした。私は何も聞いてはいけない気がしました」。これをきっかけに、ウィトゲンシュタインとウィーン学団との交流が何回かもたれたのである。

ウィトゲンシュタインはこの学団の人々と会う以前から、この学団に大きな影響を与えており、『論考』は「論理実証主義の聖書」とまでいわれた。両者のあいだには、(1)哲学を概念や命題の意味を明確にする「活動」として捉える点、(2)従来の哲学的諸問題の多くは曖昧で不正確なことばの使用から生じたとする点、などの共通見解がみられる。しかし、ウィトゲンシュタインと論理実証主義者たちのあいだには根本的な断絶が存在する。これまで論じてきたように、ウィトゲンシュタインは「語りえないもの」「より高貴なるもの」「倫理」「宗教」「神秘的なもの」などを価値あるものとして、これらに確固たる位置を授けている。だが、論理実証主義者たちはこうしたものに、彼とはまったく反対の態度をとっている。すなわち、そうしたものは存在しえないし、そうしたものにはなんらの価値もないというのだ。

『論考』をしめくくる「人は、語りえないものについては、沈黙しなければならない」という謎めいたことばをめぐって、まことに多くの評言が加えられてきた。ウィーン学団の有力メンバーの一人である社会科学者のノイラートは「『論考』の結論……は少なくとも文字の上では思わせぶりである。それはあたかも、語りえない〈あるもの〉が存在するかのごとくに聞こえる」と注釈した。このことばが示唆するように、論理実証主義者たちは「語りえないもの」の存在を否定する。そして、『論考』の最終部分にある一連の「語りえないもの」についての議論を、この書物の整合性を損うものとみなすのである。しかし、『論考』を書いたウィトゲンシュタインの真意は、これまでの議論が示すように、論理実証主義者たちの理解とはかけ離れたところにあって、それとは正反対なのだ。

論理実証主義者は、「検証原理」というものを種々の命題に適用し、それらが有意味であるか否かを決定する。いいかえれば、ある命題の「真偽の決定にさいして何らかの感覚―経験があずかることを要求する」のである。たとえば、「AはBよりも背が高い」という命題が正しいか否かを知るためには、実際にAとBに同じ場所で同じ時刻に隣りあわせに立ってもらえばよい。視覚によって、この命題の真偽がわかる。これに対して、「絶対は、進化や進歩のなかに入りこむ。しかし、それ自身が進化したり進歩したりすることはできない」（エイヤーが引用したブラッドリーのことば）という命題は、検証のしようがない。この場合のように、もしある命題が検証原理の適用に耐えられなければ（そして同語反復でもなければ）、それは「形而上学的」であるとされる。こうした形而上学的なことがらを、たとえば論理実証主義者のなかでもひときわラディカルな立場をとるエイヤーは、以下のように批判している。

形而上学的であるということは、真でも偽でもなく、文字どおり無意味であるということである。……とりわけ、非経験的な価値の世界が存在するとか、人間は不滅の霊魂をもっているとか、超越的な神が存在するとかいうことは、有意味なかたちで述べることはできない、ということである。（吉田夏彦訳『言語・真理・論理』岩波書店、一九七九年）

われわれは、あらゆる可能な感覚—経験の限界を超越している「実在」にかんする言明は、どれ一つとして字義上の意味をもちえないことを、主張する……。ゆえに、そのような実在の叙述に苦闘した人々の労力はすべてナンセンスの生涯に捧げられていた、と言わなくてはならない。（同書）

こうした主張は、論理実証主義者たちが、多かれ少なかれ心に懐いていたものである。

シュリックは、ウィトゲンシュタインから大きな影響を受けたせいか、エイヤーと比較すれば、宗教や倫理的なことがらに対しては穏やかな見解をとるが、それでも次のように述べている。

哲学者が「……絶対的価値はその上なおも絶対的実在を有している」と言うなら、われわれはこのことばが検証可能な事態に何も新しいものを付け加えず、したがって意味的に空虚で、彼の主張は無意味であることを知る。（安藤孝行訳『倫理学の諸問題』行路社、一九八一年）

このように、「検証原理の適用に耐えられない命題は無意味である」とみなす論理実証主義者たちは、ノイラートやエイヤーの見解に代表されるように、即座に形而上学的なものの存在を否定するのである。

ある種のものごとはなぜ「語りえない」かをめぐって、たしかにウィトゲンシュタインが論理実証主義者と共通な見解をもっているとしても、深いところでは、両者はたもとを分かっていたのである。一九二九年に論理実証主義者たちは、この運動の創始者シュリックの功績をたたえて、論文集『科学的世界把握――ウィーン学団』を捧げた。これ以後、ウィーン学団は活発な活動を開始することになる。だが、この小冊子の公刊が計画されたとき、ウィトゲンシュタインはシュリックのことを高く評価しながらも、ヴァイスマンに次のように書き送ったのである。

シュリックは非凡な人間です。まさしくそれゆえに、彼と彼が代表であるウィーン学団が大ぼらを吹いていると嘲笑されないように……皆で注意してあげるに値する人物です。私が「大ぼら」というときに意味しているのは、あらゆる種類のうぬぼれた自己陶酔です。「形而上学の拒否」！　あたかもそれは何か新しいものであるかのごとくですね。(『ウィーン学団』所収)

これ以後、ウィトゲンシュタインはシュリックとヴァイスマン以外のメンバーに会わなくなった。さらに、一九三六年、シュリックがウィーン大学での講義に出向く途中で発狂した学生によって銃殺されると、ウィトゲンシュタインとウィーン学団との関係も終わりを告げる。三八年にヴァイスマンがイギリスに彼を訪ねたときも、彼は会おうとはしなかったのである。たとえ前期のウィトゲンシュタインに話を限定するとしても、彼を論理実証主義者として位置づけるのは一面的な解釈であり、かつ、間違いである。彼自身は自分を論理実証主義者として位置づけたことはなかったし、この運動に参加することもなかったのだ。

論理実証主義者にとっては、明晰判明に表現できず検証原理の適用に耐えられないものは、すべて無意味であり、何らの価値も有していない。たとえば、宗教や倫理にかんするものごとは、情緒的に感じられはしても、命題のかたちでは何も伝達することができない。それゆえ「神」「絶対的価値」などの形而上学的なものは、その存在を否定された。論理実証主義者たちの思想とウィトゲンシュタインの思想とは、まったく異質なものであったのだ。

ウィトゲンシュタインは、宗教や倫理の領域に属することがらと学問や科学の領域に属することがらとを、同一の手法や説明原理で探究したり解明できる、とはまったく思っていなかった。論理実証主義のごとく、後者にしか適用できない手法を前者にも適用しようなどというのは、愚の骨頂でしかない。なぜなら「両者はまったく異なった次元に属している」(「講義」)のだから。彼の主要な関心はあくまでも、人生の営みにかんする領域が論理的・合理的な思弁の領域から侵害されるのを防ぐことにあったのである。いいかえると、事実の領域/自然科学の領域と、価値の領域/宗教の領域とを根本的に分離することによって、後者にたしかな地位をさずけたのである。トゥールミンとジャニクのことばを紹介すれば、「ウィトゲンシュタインによる事実と価値の根本的な分離は、自然科学の領域を道徳の領域から区別しようとする一連の努力の終着点であるとみることができる」(『ウィーン』)。

命題というかたちで表現できないとしても、われわれは「より高貴なもの」の存在を認めることができる。「語りえないもの」を前にしてのウィトゲンシュタインの沈黙は、論理実証主義者たちが行なったようにこれを軽視する沈黙では決してなく、これに敬意を表するための、これに確固たる地位を授けるための沈黙だったのである。ウィトゲンシュタインは『論考』の読者に、「事実を表現する命題から、真に大切なもの、つまり〈語られずに示されるもの〉に注意を転ずべきである」ことに気づいてもらいたかったのであろう。

論理実証主義者とウィトゲンシュタインの相違について、友人であったエンゲルマンが的確に語ったことばがある。そのことばを紹介して、本章をしめくくりたい。

弟子にあたる世代の人々すべてが、ウィトゲンシュタインを実証主義者とみることができたのは、彼がきわめて重要なことを実証主義者と共有しているからである。つまり、彼は、語りうることと沈黙すべきこととの間に、実証主義者と同じく線を引く。相違は、実証主義者には沈黙すべきものが何も存在しない、ということだけである。「語りうることが人生で問題になるすべてのことだ」と実証主義者は考えるのであり、これがその本質である。これに対し、ウィトゲンシュタインが熱烈に信じているところでは、人間生活において本当に大事なものは……まさしく、それについてはわれわれが沈黙しなければならないものである。それでも、彼がさほど重要でないものの境界〔つまり、言語の範囲と限界〕を定めるのに非常な努力をしているとき、彼が細心すぎるほど精確に調べているのは、あの小島の海岸線ではなく、大海の境界なのである」。(傍点原著者、『手紙』)

第四章　『秘密の日記』にみる『論理哲学論考』の基本的性格の成立

一　『秘密の日記』が書かれた時期とその内容

第二章と第三章において、『草稿』や『論考』からの文章や周囲の人々の証言を引用し、ウィトゲンシュタインの従軍中の生活にも言及しながら議論をすすめ、彼の「宗教観」について論じてきた。本章では、『草稿』と同時進行でかつ同じノートに書かれていた『秘密の日記』（以下『日記』とも表記）をとりあげたい。その理由は、これまでの議論のあとで、『論考』を生み出したといっても過言ではないこの『日記』について考察することで、「宗教者ウィトゲンシュタイン」の「原点」を見つめ直してみたいからである。

『日記』は、『草稿』と同じノートに書かれており、基本的に、左側のページが前者で右側のページが後者である。この『日記』はウィトゲンシュタインを知るうえで第一級の資料である。神や霊、生と死、人間関係の悩み、砲撃や戦闘の恐怖、東部戦線の状況などに加えて、自分の性欲や自慰や他者に対する罵詈雑言などについても、文字通り、赤裸々に書かれている。いわば、『日記』はウィトゲンシュタインの等身大の自画像なのだ。公開が憚られる内容ゆえに、編集者たちがその存在を知りながらも、長年にわたって隠しつづけてきた理由も理解できる。『宗教者ウィトゲンシュタイン』が世に出た一九九〇年当時、この『日記』について知る人は（とりわけ日本では）ほとんどいなかったであろう。もちろん、筆者も知るはずはなかった。日本語訳（世界初の完全版の訳書）が出版されたのは、二〇一六年のことである。

この『日記』をウィトゲンシュタインの生涯においていかに位置づけたらよいのだろうか。これには研究者によって種々の意見がある。筆者自身は『論考』の基本的性格を決定づけたものとして捉えるが、参考までに、大著『ウィトゲンシュタイン』を書いたモンクの解釈だけでも引用しておこう――「自慰欲と研究意欲はともに、彼が完全な意味で生きていることを明確にしている証であったことが、彼の日記（『秘密の日記』）から読み取ることができる」。いいかえれば、ウィトゲンシュタインにとって、性欲と哲学的思索とは「生の証」として複雑なかたちで結びついていたのだ。ただし、筆者にはそこまで断言する気はない。

また、この『日記』で書かれている文章の表記方法が面白い。「暗号」で書かれているのだ。人に自分のプライベートなことを知られたくなければ、日記など書かないか、よほど解読の困難な暗号で書けばよいだろう。しかし、ウィトゲンシュタインの暗号は実に単純なもので、彼は普通の文章を書くのと同じような速さで暗号の文章を書いていたらしい。『哲学宗教日記』(第五章参照)を編集したI・ゾマヴィラによれば、その暗号の使用は必ずしもつねに首尾一貫しているわけではないのだが、原則は「アルファベットを逆にする」というものである。すなわち、aがzを意味し、bがyを意味し……というようなものである。例外は、rとnであり、rはiかjを意味し、nはnを意味する。それでも、暗号というには簡単すぎて、暗号の名に値しない。

三冊ある日記帳の一冊目と二冊目には、「自分の死後は母親とラッセルに日記帳を送付すること」とあるから、他人が読むことをある程度想定していたともとれる。ただし、『日記』が書き始められる最初期の内容と、『日記』を書き始めて時間がたってからの内容とに、ずれが生じることも充分に考えられる。『日記』は、一九一四年八月九日の「一昨日、徴兵検査にかけられ、クラクフの第二要塞砲兵連隊に配属された」という文から始まるが、そこには「良い気分」「来るべき生活を思うとわくわくする!」など、期待に胸をふくらませているウィトゲンシュタインの姿が目にうかぶ。だが、書き進めるにしたがって、他人には伝えない方がよいことまで（性欲・自慰・罵詈雑言）書かれるようになるのだ。それでも、「自分の死後は母親とラッセルに日記帳を送付すること」という書きつけを消し去ることはなかったのである。もちろん、これから紹介するように、『日記』には深い内容のものもある。

以上のように不可解なことの多い『秘密の日記』であるが、それでも、以下で論じるように、この『日記』を無視して『論考』の「六・四」以降を深く読むことは不可能である。なぜなら、従軍中に書かれたこの『日記』こそが『論考』の基本的性格を決定づけた、と推測できるからである。さきに「宗教者ウィトゲンシュタイン」の「原点」といったが、何ごとにつけ、「原点」などというものは一義的に確定できるものではない。だが、筆者の見立てでは、『論考』の性格が決定されたのは、ブルシーロフ攻勢の最中の「一九一六年の七月六日と翌七日」である。多くの人々には受け入れられないかもしれないが、筆者にはそれなりの見通しがある。

二　『草稿』にみられる「一九一六年六月一一日」という日付

『秘密の日記』の内容の考察にはいる前に、『草稿』の重要な日付について述べておきたい。その理由は、「一九一六年六月一一日」という『草稿』の日付は、おそらく同年の七月上旬に間違いなく、この時期と『論考』の基本的性格が決定される時期とがほぼ同じだからである。

一般に、『草稿』の「一九一六年六月一一日」に「神と生の目的とに関して私は何を知るか」で始まる書き込みがあり、この日から『草稿』の趣がかわり、倫理や宗教についての一連の論述が始まる、とされている。管見の限り、出版されている『草稿』の独語版・

宗教的・倫理的な書きつけが始まる重要な「日付」——下から2行目の右端。独語・英語・日本語の『草稿』の日付は、どれも「1916年6月11日」となっている。だが、ウィトゲンシュタインのこの直筆を見るかぎり、その日付は間違いなく「1916年7月11日」(11.7.16) となっている。しかし、おそらくこの日付も正しくないであろう。重要な日付だが、不可解なことが多い。激戦による肉体的・精神的疲労のため混乱におちいり、日付を間違えたのではないか……。(ウィトゲンシュタイン・アーカイブズにて)

英語版・日本語版のすべてにおいて、その書き込みの日付は「六月一一日」となっている。そして、この一連の論述こそが『論考』の命題番号「六・四」以降を構成する、倫理や宗教などに言及する文章として結実するのだ。研究者にとっては、「『論考』の〈六・四〉を境とする前後をいかに整合的に読み解くか」が問題となり、多くの研究者がこの問題ととりくみ悩んできた。それゆえ、この日付はウィトゲンシュタインを理解するうえで、きわめて重要な日付なのである。

しかしながら、マクギネスが『ウィトゲンシュタイン評伝』の目立たない註（第七章註38）で、「『草稿』の編集者が、第二版でも一九一六年六月一一日としている記述の本当の日付は……」とこの日付に言及しているものの、日本の研究者はほとんどこの日付を重視していないようである。マクギネスは、実際の日付を「七月一日か四日」と推定しているが、日付は確定できないまでも、「七月上旬」にこの日記が書かれたと推測するのが妥当である。そして、この時期に『論考』の基本的性格が決定づけられたのだ。

実は、「六月一一日」という日付は、編集者であるアンスコムとヴリクトが出版のさいに、故意に書き直した日付である。それでも、「七月一一日」付の日記は別に書かれているという事情もあるし、種々のことを考慮して書き換えをした二人の判断を不当な行為だとして非難するわけにもいかない。

この日付をめぐる謎については、ウィトゲンシュタインがおかれていた戦場の状況を精査することと、『草稿』と『秘密の日記』の書かれ方を詳細に比較することとで、おそらく一冊の本が書けるであろう。こうした不可解なことがおこった理由は、ブルシーロフ攻勢で生死の間をさまよっていたウィトゲンシュタインが肉体的・精神的に限界に達していたため、混乱に陥っていたからだと推測できる。

いずれにせよ、以下で論じるように、第一次世界大戦に従軍したさいの兵士としての生活が「宗教者ウィトゲンシュタイン」に決定的な影響を及ぼしたことは否定しようのない事実である。筆者は「もしもウィトゲンシュタインがこの大戦に兵士として参戦していなければ、〈宗教者〉〈否定神学者〉としての彼は存在しなかった」とすら考える（「否定神学」については本章第四節参照）。そして、『草稿』と『秘密の日記』の双方にみられるように、一九一六年の七月上旬が『論考』の基本的性格を決定づけた時期であると、ほぼ断定できるのである。

※この『草稿』の日付をめぐるさらに詳細な考察については、拙論「独創的な〈否定神学〉の著作としての『論理哲学論考』」（『宗教哲学論考』所収）を参照のこと。

三　ブルシーロフ攻勢

一九一六年六月四日から九月二〇日まで、ブルシーロフ攻勢というロシア側からの猛反撃があり、ウィトゲンシュタインは激戦を体験し、文字通り、九死に一生をえた。すでに述べたように、わずか三か月余りの戦闘で、一〇〇万人から一五〇万人の死傷者をだし、ウィトゲンシュタインが属していた歩兵師団の兵士の生還率が二〇パーセント程度（一万六〇〇〇人中三五〇〇人程度）だったと伝えられている。

中井久夫が『論考』について的確に述べているところでは、この攻勢によって「それまでの論理哲学的探究は、一見そのままでありながら根本的な価値転換、つまり〝語りうるもの優位〟から〝語りえないもの優位〟へという逆転を起こし」たのである（「ルートヴィヒ」）。その「語りえないもの」というのが神・宗教・倫理のことなのだ。筆者のことばでいえば、『論考』は「論理的・哲学的論文」（ウィトゲンシュタイン自身による『論考』の原題）から、「否定神学の著書」へと「逆転」し、「根本的な価値転換」が生じたのである。

そのブルシーロフ攻勢のなかば、「恐ろしく酷い天候」という書き出しで始まる日記が書かれる七月一六日ころまでに、オーストリア軍はロシア軍の追討によって、カルパチア山脈のブコヴィナあたりまで押し戻されていた。オーストリア軍にとって戦況も天候も過酷であった。ウィトゲンシュタインにとって、夏とはいえ、冷たい雨と霧の中での生活は「苦痛に満ちた生」であった。

自分自身を失わないでいることが、恐ろしいほど困難だ。というのも、僕は確かに弱い人間なのだ。しかし、霊は僕を助けてくれる。僕が今、病気だったら一番よかったのだが。というのも、そうであれば、少なくとも少しは休息をとることができただろうから。（七月一六日、『日記』）

捕虜になること、殺されることを回避するために、ウィトゲンシュタインは、ロシア軍の砲火を逃れるべく、移動しつづけなければならなかった。それでも、七月二四日には砲撃を受けた。そして、「砲撃される。そして、砲撃のたびに僕の魂はすくんでしまう。僕は、まだこれからも生き続けたい！」と書いている。

また、七月二九日には、以下のように認められている。

昨日、砲撃を受けた。弱気になった！　僕は死への不安を感じた！　僕は今、なんとこんな願いを抱いている。生きたい！　そして、ひとたび生に執着するなら、それを放棄することは容易ではない。それこそまさに「罪」であり、非理性的な生であり、生についての間違った理解である。僕はときおり動物になる。そのときには、僕は食べること、飲むこと、眠ることの他は何も考えることができなくなる。恐ろしいことだ！　つまり、僕は動物のように、内的な救済の可能性を持たずに、苦しむ。このときには、僕は自分の情欲や嫌悪感にゆだねられている。そうなれば、真の生についてなど考えるべくもない。（傍線原著者、七月二九日、『日記』）

モンクは、ウィトゲンシュタインがこうした状態——自己を見失い、本能的な動物になり、ただ生きようとしているだけで、宗教・倫理・道徳・救済などと無関係な状態——に陥ったのは、「おそらく生涯で初めてと思われる」と評している（『ウィトゲンシュタイン』）。だとすれば、この動物的な状態において初めてというか、これまでにも増してというか、人間にとって宗教・倫理・道徳・救済といったものがどれほど重要なものかを、ウィトゲンシュタインは再認識したにちがいない。いいかえると、彼はブルシーロフ攻勢という激戦の後、「学問・科学の一切の考えうる問題が解決されたとしても、なお生の問題はいささかも片づいていない」（『論考』六・五二）ことを、それまで以上に深く認識したのではないか。

四　『論考』の基本的性格の決定

このころの『秘密の日記』をもう少しみてみよう。ブルシーロフ攻勢が開始される前の五月二九日は「ああ、僕の霊（精神）がもっと強かったなら！！！　今こそ、神は僕とともに！　アーメン」という文章で終わっている。そして、攻勢が開始される前後には書きつけはなく、七月六日になって、ようやく「神は僕とともに」という短い書き込みが登場する。ちなみに、『草稿』も五月一二日から六月一〇日（実際には七月上旬）まで、何も書かれていない。

われわれが留意すべきは、次の七月六日と七日の書き込みである。筆者の見解をズバリというと、この七日の書き込みが、『論考』の性格を決定づけたのである。六日には次のように書かれている。

> 先月は、大変な辛苦があった。僕はあらゆる可能な事態についてたくさん考えた。しかし、奇妙なことに、自分の数学的な思考過程と繋がりをつけることができない。

「先月」つまり、六月に「大変な辛苦があった」というのは、ブルシーロフ攻勢における一連の戦闘のこと（ブコヴィナやコロメアなどにおける戦闘）を意味する。この「辛苦」

や「あらゆる可能な事態」の具体的な内容についてはまったく書かれていないが、ブルシーロフ攻勢が始まるおよそ一か月前（一九一六年五月一六日）の日記に注目したい。そこには、次のように認められている。

〔配置換えの結果、〕第三の配置〔につく〕。これまでと同様、多くの苦難〔がある〕。しかしまた、大きな恩寵〔もある〕。僕はこれまでと同様、弱っている！　仕事〔哲学の研究〕をすることができない。今日は、銃火の中で眠る。恐らく死ぬのだろう。神が僕とともにいますように！　永遠に。アーメン。僕は弱い人間だ。しかし、神が僕を今に至るまで保ってきた。神が永遠に讃えられますように。アーメン。僕は、自分の魂を主に委ねる。

このあとの、五月二一日には「神が、僕をよりよい人間に仕立ててあげてくれますように！」と、五月二五日には「砲撃される。御心のままに〔神が意志するとおりに〕！」とも書いている。

ウィトゲンシュタインは、身の危険を感じたり激戦を体験したりするたびに、神や霊のことを思い浮かべ、それらによって自分をしっかりと保とうとしている。このことは『秘密の日記』でほぼ一貫している。そうだとすると、七月六日の「大変な辛苦」を体験したときにも、神や霊をもとめたことは想像に難くない。そのとき、彼は神・霊・宗教・人生の意味・生と死などと密接にかかわる生活をしていたのだ。

一方の「自分の数学的な思考過程」というのは、これ以前の『草稿』をひもとけば氷解する。それは、『論考』の「六・四」にいたるまでの、数学的・論理学的思考のことである。これは「事実」を命題（文）によって写し取る「写像」の理論と深い関係にある。

そうすると、当然のことながら、神や霊（絶対的価値）とかかわりをもつ「大変な辛苦」や「あらゆる可能な事態」と、「事実」に関する「数学的（・論理学的）な思考過程」と関連する事柄とは「繋がりをつけることができない」（傍点引用者）。なぜならば、神や霊など「価値／絶対的価値」にかかわる事柄は、命題によっては写し取ることはできない（語りえない）のだから。

だが、翌日の七月七日にはその「繋がり」がつく見通しが得られることになる。

しかし、繋がりはつけられるだろう！　言われえないことは、言われえないのだ！

（傍線原著者）

この書き込みと関連して、『論考』の「序文」には、「およそ言いうるものは明瞭に言いえ、語りえないものについては沈黙しなければならない」と格調高く宣言されているのだが、これこそが、ウィトゲンシュタイン自身によって『論考』の「核心」（「序文」）とされるものである。筆者は、ここに「否定神学者」としての彼をみる。

ここで、「否定神学」を筆者なりに定義すると、「神は人間の思考が作り出した一切の述語を超えたものであるから、神については語ることができない、ないし、神については〈神は〜でない〉という否定的表現でしか語れない」とする神学のことである。また、R・ボンディによれば、否定神学とは神について論じる一つの方法であり、同時に「神と交わりをもつ方法」である。この方法では、「神はどのようにしても概念化されることのない存在として前提され、感覚と思惟とにより造られたカテゴリーのすべてを超えたところに求められる」（ボンディ「否定神学」『キリスト教神学事典』教文館、一九九五年、所収）。本書との関連において「否定神学」の重要な側面は次の二つである――(1)神については語れないことと、それにもかかわらず、(2)神との交わりを否定しないこと、である。

面倒なドイツ語の文法の話は省略するが、訳者の丸山空大も述べているように（註128参照）、七月七日の日記の書き込みと、「人は、語りえないものについては、沈黙しなければならない」という『論考』の結論とのあいだに、本質的な共通性が存在することはいうまでもないであろう。この文章は、『草稿』『自然哲学年報』『論考』において、小さな相違はあるものの、ほぼ同じ表現である。

一言でいうと、ウィトゲンシュタインは、「語りうること」と「語りえないこと」という二つの「繋がりをつけられない」ことを、「繋がらない」という形で「繋げた／繋がりをつけた」のである。このことについては、次節以降で論じる。

以上の議論から、「『論考』の基本的枠組みが成立したのは一九一六年の七月六日・七日である」と解釈してもさしつかえないのではなかろうか。さらにつけ加えるならば、本章第二節で論じたように、一般に「一九一六年六月一一日」とされる「神と生の目的とに関して私は何を知るか」ではじまる『草稿』の書き込みが「同年七月上旬」であるとすれば、筆者の主張の妥当性はさらに高まるであろう。

余談になるが、丘澤静也は「〈せねばならない〉〔"muß"〕という倫理的な響きはノイズである」と論じ、「沈黙しなければならない」という訳語は不適切だと主張している（「読書案内」（J・ヒートン『ウィトゲンシュタインと精神分析』土平紀子訳、岩波書店、二〇〇四年、所収））。彼の代替案は「言えないことは、言えない（だまっているしかない）」である。だが、筆者はあえて本書での訳文を採用したい。そうでないと、「否定神学」としての著作たる『論考』の主張（沈黙律）が弱くなるからだ。ちなみに、『草稿』の第一行目は「論理は自分だけで、自分を配慮せねばならない」（一九一四年、八月二二日。『論考』五・四七三と同文）だが、このときも"muß"が使用されている。ここに、これから哲学的・論理学的思索を書き始めるのだという、ウィトゲンシュタインの緊張感のみなぎる「決断」を読み取ることも可能であろう。

五　「語りうるもの」と「語りえないもの」の相補性

それでは、「繋がらないという形で繋げる」とはいったいどういうことなのか。ズバリというならば、「沈黙」という手段によって「語りうるもの」と「語りえないもの」とを繋げるのである。さきに、フィッカーあての書簡のところで「語りえない倫理的な事柄について沈黙することにより、これに確固たる位置を与える」ことを論じた。しかしながら、「沈黙」はこれがすべてではない。

『秘密の日記』に形をかえて複数回登場するウィトゲンシュタインの「死生観」がある。彼はブルシーロフ攻勢が開始されるちょうど一か月前の一九一六年五月四日に「死の近さが僕に生の光をもたらす」と認めているが、彼は「死こそが、生にその意味を与える」とみなしていた。死と生とは断絶しているが、「あれかこれか」という二者択一の対象ではない。この場合には、死が生に光や意味を与えるという形で繋がっている。死がなければ、生は輝かないしその意味も見いだせない。反対に、生がなければ、生きていないのだから、死もない。両者は相補的な関係にある。

これと同様に、「語りうるもの」と「語りえないもの」とは断絶しているのではなく、

「語りえないもの」は「語りうるもの」と相補的な関係にあると解釈できる。「語りえないもの」はやはり「語りうるもの」があって初めて存在することができる。一方的に「語りえないもの」ばかりしか存在しない世界など、人間とは無縁の世界である。たしかに、ウィトゲンシュタインは「語りうるもの」よりも「語りえないもの」に重きをおいたことに疑いはない。そうであっても、「語りえないもの」だけでは人間の生活も世界も立ち行かないことを、彼が否定するとは思えない。

この相補的関係は、「語る」と「示す」との関係にもみられる。W・シュテークミュラーは『現代哲学の主潮流』において、黒崎宏は『ウィトゲンシュタインの生涯と哲学』において、「示す」ということばを詳しく分析している。「語りうるもの」と「語りえないもの」とが完全に断絶しているだけであれば、「語りえないもの」は（当然のことながら）言語化できないだけではなく、なんらかの形ですら「示す」こともできないはずだ。両者に「なんらかの繋がり」——筆者にはこのような表現しかできないけれども——があるからこそ、「語る」ことができなくとも、「示す」ことができるのではないだろうか。だからこそ、二人は「語りえないもの」は言語によって語ることができなくとも、種々の方法で「示す」ことができることを論じているのである。たとえば、シュテークミュラーは「神秘体験に訴えなければならない示し方」（傍点原著者）をあげている。

ウィトゲンシュタイン自身は、かなり早い時期（一九一四年一一月二九日）の『草稿』に、「示されうることは語られることができない」と書いている。このようにいえるのも、「語りうるもの」と「語りえないもの」とは「示す」という手段の行使によってどこかで繋っている、と考えているからこそではないだろうか。

六　ふたたび『論考』六・五二二にかえって

ウィトゲンシュタインは『論理哲学論考』において、「語りうるもの」と「語りえないもの」とを峻別したのだが、その裏には、「語りうるもの」と「示しうるもの」という峻別もある。

第二章第三節で、(1)「もし私が〈pという事態が成立しているのは、善いことだ〉と語るなら、その場合、このことはまさにそれ自身において善くなければならない」（一九一四年九月二一日）ということばを紹介した。それより少し前の九月三日には、(2)「〈Aは善い〉は主語—述語命題か……といった問いが与えられたとしよう」と問題を投げかけ、ウィトゲンシュタイン自身はこの問いに対して「そうではない」という立場であることを示唆しておいた。

(1)からいえることは、すでに述べたように、「〈善なるもの〉はpという事態に内在するものであり、それを主語—述語命題の形では記述できない」ということである。(2)からいえることも、「〈Aは善い〉という価値判断をふくむ文は主語—述語命題とはいえない」ということである。すでに『草稿』を書き始めた時点において、ブルシーロフ攻勢での激闘を体験した後の宗教的／否定神学的立場が胚胎されていた、といえる。

ここで、前節の「示されうることは語られることができない」にもどろう。これは『論考』の四・一二一二にほぼそのままのかたちでみられる——「示されうることは語られることができない」(強調箇所が二箇所になっただけ)。それが、ブルシーロフ攻勢をへて、倫理的・宗教的な事柄ともかかわりをもつようになったのだ。この文から「語られないものでも示されうる」ことをウィトゲンシュタインが認めていたことが推測できる。

その代表的な命題が(第三章でも引用した)『論考』の「六・五二二」である——「言い表わせぬもの(das Unaussprechliche)は自らを示す」(傍点原著者)。そして、これに続いて「それは神秘的なもの(das Mystische)である」という文がくる。つまり、六・五二二は次のような文章である。

たしかに、言い表わせぬものが存在する。それは自らを示す。それは神秘的なものである。

筆者はこの「存在する」「言い表わせぬもの」を「神秘的なもの＝高貴なもの＝神」だと解釈する。その理由は、これに先立つ六・四二の「命題は、より高貴なもの（das Höhere）を一つとして表現することができない」、および、六・四三二の「世界がいかにあるかということは、より高貴なものにとっては、まったくどうでもよいことだ。神（Gott）は世界の中には現われない」を重視するからである。

ここで、「言い表わせぬもの」「神秘的なもの」「高貴なもの」はすべて、抽象名詞で表現されていることに注意したい。ウィトゲンシュタインの原文では「言い表わせぬもの」は抽象名詞で単数の形をとっているが、ペアーズとマクギネスの英訳では、これは明確に複数である（things that cannot be put into words）。英訳では、"the Unspeakable" とか "the Unsayable" と訳す可能性も充分にあったはずだ。実際に、ウィトゲンシュタインを意識的に批判したボヘンスキーの「語りえないもの説」の原語は "the theory of the Unspeakable" である（拙訳『宗教の論理』（ヨルダン社、一九九七年）第二章第一一節参照）。しかし、英訳者たちは、言語が事実を写しとるために事実と共有しなければならない「論理形式」などもふくめて、複数のものが「言い表わせぬもの」「神秘的なもの」であることを念頭において訳したのであろう。

だが、六・五二二でいわれる「言い表わせぬもの」「神秘的なもの」は端的に「神」である、との解釈も充分に可能である。筆者は、この脈絡における「神秘的なもの」から「論理形式」などは排除したい。さらにいうまでもなく、六・四三二から「より高貴なるもの」も「神」を意味する、と解釈する。ウィトゲンシュタインにとって、神は疑いもなく存在するのである。

七　自らを「示す」神――『論考』の「六・五二二」の解釈

ここでさらに、「言い表わせぬものが存在する。それは自らを示す。それは神秘的なものである」というウィトゲンシュタインのことばを吟味しよう。

まず、注意すべきことは、「言い表わせぬものは自らを示す（Dies *zeigt* sich）」と再帰的表現が用いられていることである。四・〇二二には「命題はその意味を示す」とあり、四・一一五には「哲学は語りえないものを暗示する」とある。この二つの場合のように、命題なり哲学なり人なり（ウィトゲンシュタインをふくめる）が、ある対象を主語とは異なる目的語として「示す」ことと、六・五二二の場合のように、あるものが再帰的に「自らを示す」こととでは、同じ「示す」であっても、大きな隔たりがある。くわえて、この「示す」は、ウィトゲンシュタイン自身によって強調されていることも確認しておきたい。

こうしたことを踏まえたうえで、筆者は、六・五二二に、ウィトゲンシュタインの「心の揺れ」をみる思いがする。すなわち、哲学者としては「厳然たる事実として、語りえないものについて語ることはすべて無意味におちいる」と考えざるをえない。だが、一人の「宗教的人間」として、彼は「神秘的なもの〔神〕は自らを示す」と論じることにより、神をまったく世界の外に追いやることだけは避けたかったのではないか。神と「繋がる」可能性をなんらかの形で確保しておきたかったのではないか。筆者はここに、「哲学者」としての彼と「宗教者」としての彼とが不思議なかたちで同居していることをみるのである。ただし、その同居は緊張感を伴うものであったろう。

第五章　『哲学宗教日記』にみる「宗教者」ウィトゲンシュタイン

一　「神との和解」

『秘密の日記』のあと、十四年たって、ウィトゲンシュタインはもう一つの日記を書き始めた。これら二つの日記以外に書かれた日記もあることだろうが、それらについては一般には知られていない。

ウィトゲンシュタインが哲学者であることに異論はない。しかし、人間としての彼が生涯で一番重視したものが、哲学であったかどうかには、議論の余地がある。筆者は、彼の生涯でもっとも重要なものは、「神との和解」であったと思う。これは、『草稿』の執筆時期から絶筆となった『確実性について』の執筆時期まで、生涯を貫いている。心底、本気で、こうした見解を懐く人はあまりいないだろう。

しかしながら、資料的にもこの可能性は否定できないのだ。『哲学宗教日記』（以下『日記』とも表記）を読めば、「彼がどれほど神を志向した宗教的人間であるか」は一目瞭然である。そのうえ、この『日記』を書いてから、ウィトゲンシュタインは十四年も生きているが、亡くなる年まで神・宗教・倫理について書きつづけている（「はじめに」参照）。『反哲学的断章』の最後のことばは、彼が亡くなった年である一九五一年だが、この年になっても宗教的な書きつけはある。本書との関連で晩年のことばを一つだけあげるとすれば、筆者は迷わず次のものをあげる――「もしも君が宗教の領域にとどまりたいのなら、きみは戦うしかない」（傍点原著者、一九五〇年）。このことばから、人生のほぼ最終段階においても、ウィトゲンシュタインにおいて、激戦を闘った若き「兵士」としての自分と、神をもとめつづけた自分とが同居していることがわかる。

第四章で、ウィトゲンシュタインの性欲と哲学研究を結びつけたモンクのことばを紹介した。その一方で、彼は次のような見解を披瀝して、著書を結んでいるのである。

ウィトゲンシュタインが求めた神との和解は、カトリック教会の腕のなかに帰って、受け入れられることにあるのではなかった。それはあの最も過酷な裁き、つまり彼自身の良心の厳密な検閲にさえ耐えて生きようとする倫理的な真摯さと完璧さの境地であった。すなわち、彼自身の良心は〈私の心の底に住まう神〉であった。（『ウィトゲンシュタイン』）

二　変転する魂の記録

『哲学宗教日記』は二部構成の日記である。第一部は一九三〇年四月から一九三二年一月まで、第二部は一九三六年一一月から一九三七年四月まで書かれた。本章では、第二部のみをとりあげる。また、第四章では『論考』との関係で『秘密の日記』をとりあげたが、本章ではウィトゲンシュタインの魂の記録を時間の流れに沿いながら跡づけることにする。

※引用文の表記方法については次のとおりである。(1)傍線は強調を、二重傍線は特別な強調を、点線は表現の適切性に対する疑いを、それぞれ示す。(2)ゴシック体は暗号体で書かれていることを示す。

『日記』第二部は、一九三六年一一月一九日から書き始められ、一九三七年四月三〇日に終わる（ただし、五か月後の九月二四日だけは記入されている）。これは、『探究』の最初の部分が書かれた時期とほぼ同じである。そこからわかるのは、『論考』から『探究』への移行は、ウィトゲンシュタインの生の宗教的深化と密接な関係にある、という驚くべき事実である。この事情の詳細については鬼界彰夫の「隠された意味へ」にゆずって、以下では彼とは別の視点から、「自己嫌悪する自分から〈あるがまま〉の自分へ」というウィトゲンシュタインの苦闘の記録を跡づけることにしたい。

本章で示したいのは、自己を凝視することから逃げていたウィトゲンシュタインが、いかに神と向かい合うようになったか、いかに自分自身と折り合いをつけるようになったか、である。一九三七年一月二七日から三月二六日あたりの二か月間に、彼の内部で信仰をめぐってドラマが展開され、信仰告白がなされ、しだいにそれなりの精神的落ち着きをえていく。そのクライマックスは三月二六日である。もちろん、それで終わりというわけではないのだが……。

〈一九三七年一月二七日〉

……良心は私に、自分自身が惨めな人間であるということ、弱いということ、つまり苦しもうとはしないこと、そして臆病であり、他人に……悪い印象を与えることを恐れていること、そして淫らであることを示している。だが臆病さに対する非難が一番強く感じられる。しかし臆病さの背後にあるのは思いやりのなさ(と他人を見下すこと)である。しかし私が今経験している恥辱も、自分の外的な敗北を真理の敗北以上に強く感じている限りは、なんら善きものではない。私の自尊心と虚栄心が傷ついているのだ。

『日記』第一部でも類似したことが書かれているのだが、自分の醜い姿を嫌悪するウィトゲンシュタインの姿がここにもある。

しかしながら、これに続く文章には、自分の理性では理解できない聖書を「良心」によって理解しようとする態度がみられる。すなわち、理性的には聖書で書かれていることを信じることができないとしても、理性とは異なる「良心」によってそれができる可能性を模索しているのだ。それらが「別のもの」であることを示す「別の」ということばが、とりわけ強調されていることにも注意しておきたい。

私にとって聖書とは、目の前の一冊の本にすぎない。……この文書は、それだけでは他のどんな文書以上の価値を持つこともできない。

……この文書それ自身は、そこに書かれているどんな教えにも私を「結びつける」ことはできない。……もし私がその教えを信じるとすれば、……それらは私に対して明白とならなければならない。そして私が言っているのは単に倫理的な教えだけではなく、歴史的な教義をも含んでいる。復活や審判を信じるよう私に命じられるのは書かれたものではなく、ただ良心のみなのである。〔理性的な〕確からしい何事かとしてでなく、別の意味で信じるように命じるのはただ良心のみなのである。……今お前は、良心が言うことにおいて良心に従わなければならない。……信仰は信じることから始まるのだ。信じることから始めなければならない。言葉からはいかなる信仰も生まれない。もう十分だ。

〈一月二八日〉

「神の恵みの中へと身を投じる」という表現がみえるこの日の日記には、「信仰が人間を幸いにするというのがどういう意味なのかが分かった。それは、信仰は人間を直接神のもとにおくことにより人間に対する恐怖から解放する、ということなのだ」と書かれている。また、知人が「私〔ウィトゲンシュタイン〕の信じがたいような音楽的才能にどれだけ感動したか」を語る夢をみたとある。しかしながら、ウィトゲンシュタインはそれまでとは少し違った落ち着いた筆致で、以下のように認めている。

……この〔夢の内容〕全体がうぬぼれに満ちていた。——目が覚め、自分の虚栄心に腹が立った、あるいは恥ずかしかった。——これは過去（約）二ヵ月間とても頻繁に見た夢とは違った種類の夢だった。それらの夢で私は、見下げた振る舞い、例えば、嘘をつくといった、をしており、夢でよかった！ という感覚とともに目覚めるのだった。この夢もまた、一種の警告と解釈する。自分がまったく卑劣になりませんように、そして気がおかしくなりませんように！ 神が私を哀れみますように！

三日後に「神よ、我を敬虔に、しかし張り詰めすぎぬように在らせ給え！」（一月三一日）と書いた日記にも、「自分の理性のバランスが極めて不安定であるように感じる。平衡を乱すちょっとした衝撃が加わるだけで、ぱちんと崩れてしまいそうな気がする」といいながらも、「そんなときは緊張が解けるまで、静かに、規則正しく、そして深く呼吸すべきである。そして神が欲するなら、ことは収まるだろう」と結んでいる。

三　人は新しい言語ゲームを学ぶ

〈二月四日〉

確かに私は人生の問題に関するキリスト教の解決（救済、復活、審判、天国、地獄）を拒否できる。しかしそれによって私の人生の問題が解決するわけではもちろんない。というのも私は善くもないし、幸福でもないからだ。私は救われていないのだ。……確かに違った生き方はまったく違った像を前面に押し出してくるし、まったく違った像を必要とする。窮地が祈ることを教えるように。これは違ったように生きれば、人は自分の見解を変えるということではない。だが人が違ったように生きると、違ったように話すのである。新しい生とともに、人は新しい言語ゲーム（Sprachspiel）を学ぶのである。

例えば死についてもっと考えてみよ。それでもお前が新しい観念、新しい言葉の領域を知るようにならないのなら、それは異常なことであろう。

理性や合理性によっては、人間は「救われ」ないことはこれまでにも見てきたとおりである。理性によって「キリスト教の解決を拒否する」ことが、「人生の問題」を解決するわけではないのだ。

ここで重要なのは、「違ったように生きる」「新しい生」「新しい言語ゲーム」(二月二三日の日記を参照)という表現とともに、「これまでとは違った生を生きたい」というウィトゲンシュタインの姿が現われてくることだ。『日記』第一部の一九三一年五月六日にも、「使徒であるとは一つの生きかたである。それは部分的には多分その者が語ることのうちに表されるだろう」と述べられている。使徒の生き方と使徒でないウィトゲンシュタインの生き方とは違うのである。「違った生き方」をすることは、たんにそれまで抱いていた「見解」を変えることではない。違った生き方をするとは、違った「生活形式」を身につけることだから、「違ったように話す」のであり、生きることそのものとしての「言語ゲーム」が変わる、実生活そのものが変わるのだ。その端的な徴候が「違ったように話す」ことなのである。筆者は宗教研究に「言語ゲーム」の観点を導入した(拙著『言語ゲームとしての宗教』参照）が、「新しい生とともに、人は新しい言語ゲームを学ぶのである」をその観点から書き変えれば、「新しい宗教的生とともに、人は新しい宗教的言語ゲームを学ぶのである」となる。

〈二月一三日〉

……新約聖書に述べられていることのどれだけが正しく、どれだけが間違っていようとも、疑えないことが一つだけある。つまり、正しく生きるためには、私は自分に心地よい生き方とはまったく違ったように生きなければならないだろう、ということである。つまり、生きるとは表面で見えているよりずっと真剣なものだということである。生きるとは恐ろしいほど真剣なことなのだ。

翌日も「灯りの周りを飛び回る昆虫のように、私は新約聖書の周りを飛び回っている」と書かれている。聖書と取り組み、「生きるとは恐ろしいほど真剣なことなのだ」と認めるウィトゲンシュタインには、なにか病的な感じさえ漂っている。

〈二月一五日〉

……自分の感覚に従うなら次のように言えるだろう、彼〔真に義を求める人〕はただ光を見るだけではなく、直接に光の下へおもむき、今や光とともにある本質を持つようになるのだ、……と。つまり、このことについて宗教が現に用いているすべての表現を使用することができる、そのように思えるのだ。

ここで「光」という語が使用されていることに注目しておきたい。光はウィトゲンシュタインの宗教・信仰と密接な関係をもつ。もちろん、聖書は「光あれ！」で始まっているし、光のイメージと種々の神・信仰・宗教とが結びつくことは珍しいことではないのだが。光については、二月二二日の日記などにも出てくるが、三月二六日の日記のところでやや詳しく解説したい。

また、筆者はショルデンを訪れ、彼の「小屋」の跡に立ったときのインスピレーションをもとに「太陽とウィトゲンシュタインの宗教体験」（拙著『宗教哲学論考』所収）という論文を執筆した。一言でいうと、本章の最後の三つの節に書いたように、太陽を通して彼は神と向かいあったのである。

四　神からの要求と告白

〈一九三七年二月一六日〉

この日の日記には特筆に値することがある。通常、年の変わり目以外には省略される西暦年が、この日の書き込みにはわざわざ書かれているのだ。ウィトゲンシュタインはこの日の日記をいつもより緊張した気分で認めたにちがいない。

神よ！　私をあなたと次のような関係に入らせてください、そこでは私が、「自分の仕事において楽しくあれる」、そのような関係に！　神はいつでもお前からすべてを要求できると信じよ！　そのことを真に意識せよ！　それから、神がお前に生の賜物を与えてくださるよう請い願え！　というのも、もしお前に対して要求されたことをお前がしない場合、お前はいつでも狂気におちいったり、まったくの不幸になったりするかもしれないからだ！

神に語ることと、神について他人に語ることとは違う。

私はたいそう深遠でありたがる、――それなのに私は人間の心の深淵から後ずさりしている**のだ**!!――

私の理性を純粋で穢れなきように保たせてください！――

ここでは、「**神はいつでもお前からすべてを要求できると信じよ！　そのことを真に意識せよ！**」という表現に注目したい。「**不純に思考することを欲しない**」（二月一五日）ウィトゲンシュタインは、生涯にわたって、命を削りながら哲学的文章を書きつづけたのだが、「その原稿を神に捧げよ」「燃やせ」と命令されたらどうだろうか。すなおに、その命令に従えるだろうか。「**なんと善き生から遠く、なんと底辺に近いことか！**」（二月一七日）

していている。

と自分自身を嘆くウィトゲンシュタインは、二日後（二月一九日）、そのことについて言及

さらに、「神に語ることと、神について他人に語ることとは違う」と何気なく書かれていることが、「宗教者」としてのウィトゲンシュタインを考えるときに、鍵となる。すなわち、彼は一方で「神については語れない」といいつつも、他方で、この『日記』で見られるように、神に向かって語りかけているのである。この「矛盾」ともいうべき事柄をどのように解釈したらよいのだろうか。これについては、終章で吟味したい。

〈二月一八日〉

私は自分の原稿を神に犠牲として捧げられるだろうか？

「これをしなければお前は罰せられるだろう」と言われるよりも、「これをしなければお前は自分の人生を棒に振ってしまうだろう」と私は言われたい。

第二の言葉が本当に意味するのは、これをしないなら、お前の人生は見せかけのものであり、真実と深さを持たない、ということである。

〈二月一九日〉

……「恐ろしいまでに最もつらいことが私に対して求められるかもしれない」とお前は言う。それはどういうことなんだ？　それはこういうことだ。自分の原稿を（例え

ば）燃やさなければならない、と明日私が思うかもしれないということなのである。つまり、もし原稿を燃やさないのなら、自分の人生は（そのために）逃避になってしまうということなのである。そのために私が善から、生命の源から切り離されるということなのである。

原稿を燃やさないと、つまり、神に自分の原稿を捧げないと、自分が「善から、生命の源から切り離される」というのは、ウィトゲンシュタインにとって悲痛なことであろう。しかしながら、彼は、しだいにその命令・運命に身を委ねるようになっていく。

……私は降伏しなければならないのだ。ここでのあらゆる戦闘は自分自身との戦闘であり、自分が強く打てば打つほど、自分がより強く打たれるのだ。だが単に自分の手を挙げて降伏するだけではいけない。私の心が降伏しなければならないのだ。もし私が信仰を持つなら、つまり内なる声が自分にするように勧めることをひるまずにするなら、この苦しみは終るだろう。

膝に助けてもらって祈るのではない、人がひざまずくのだ。

「この一切を病気と呼べ！」とか「私の中でたちまち虚栄心がうごめく」といいながらも、ウィトゲンシュタインは神に「告白」するに至る。

私に告白させてください。自分にとってつらい一日が終った後、今日の夕食において

私はひざまずき、祈りました。そして突然ひざまずいたままで上を見ながら、「ここには誰もいません」と言いました。その時、あたかも自分にとって大切なことがはっきりとしたかのように気分がよくなりました。

その後、「しかしこれが本当に何を意味するのか、私にはまだ分からない」と自問しながらも、「自分がより軽くなったように感じる」と述べている。そして、右のことばについては「自分の欲するその時に私が述べたのではなく、言葉が来たのである」という。ここに、ある種の自己を放下したウィトゲンシュタインの姿がある。そして、「この言葉が来たように、何か違った言葉が来るかもしれない」のである。その「言葉」とは「お前がよく死ねる、そのように生きよ！」であった。

五　絶対的なものを目指す努力

〈二月二〇日〉

「狂気が到来したとき、狂気を前にしてたじろぐことのないように生きねばならない」で始まる、翌日の日記は、ウィトゲンシュタインの宗教的境地が一段と深まったような印象を与える。そこには、何かを振り切れた姿がある。聖書／キリスト教が「身の毛のよだつようなもの」であったとしても、信仰を求めることに躊躇はなく、決然と信仰に向かう彼の姿を読み取ることができる。

新約〔聖書〕を読んでいるが、多くの本質的なことは理解できない、だがそれでも多くのことが理解できる。今日は昨日より具合よく感じる。これが続きますように。

……もしある場所で重要なもの・真理を見ることができると自分が信じるなら、あるいはそこへ入ってゆくことによりそれらを見つけることができると自分が信じるなら、そこで何が起きようともそこに入ってゆくべきであり、そこに入ってゆくことを避けるべきでない、と確かに自分は感じることができるのである。おそらく内部の光景は身の毛のよだつようなものであり、すぐさま走って外へ出たくなるだろう。だが私は身動きせず留まるべきではないか？　こんなとき誰かが私の肩をたたき、「怖がるな！　正しいことなのだから」と言ってくれたらと思う。

孤独を求めてノルウェーに来たことを神に感謝します！

そして、「キリスト教の教義ではない」と断りながらも、ウィトゲンシュタインは一つの生き方を示す。

……「様々な喜びと痛みを伴ったこの生には結局何の価値もないのだ！　……絶対的なものを目指して努力せねばならない。そして唯一の絶対的なものとは、戦い、突撃する兵士のように、死を目指して生を戦い抜くことなのである。他のすべてはためらいであり、臆病であり、怠惰であり、それゆえ惨めさなのである」。もちろんこれはキリスト教の教義ではない。なぜならここでは永遠の生についても、永遠の応報についても語られていないからである。だが誰かが次のように言ったとしても、私は同様に理解するだろう、「永遠の意味での幸福とはそのようにしてのみ達成できるのであり、この世におけるありとあらゆる種類の小さな幸福にかかわることによって達成できるのではない」。

ブルシーロフ攻勢における激戦に参加した「兵士」ウィトゲンシュタインであるから、いうまでもないが、「唯一の絶対的なものとは、戦い、突撃する兵士のように、死を目指して生を戦い抜くことなのである」というのは、観念的な思索からでてきたことばではない。まさしく、自分の肉体から滲みでてきたことばである。

〈二月二一日〉

「精神の苦しみを振り払うのは、宗教を振り払うことである」で始まるこの日の日記では、自分の理性を信じながらもその限界を超えて、将来的には「**キリストの死による救済に対する信仰**」を受け入れるようになる自分の姿を示唆する。

……**キリストの死による救済に対する信仰を私はもっていない、あるいは、まだ持っ**

てはいない。私はまた、例えば、こうした信仰に至る道を自分が歩んでいるとも感じない。しかし私は、これについていつか自分が、今はまったく理解できず、今、自分には何も意味しないことを理解するようになる可能性はあると思っている。

もちろん、次にみるように、その行程において、「迷信深くあるべきではない」「理性を不純にするべきではない」。すなわち、自分の理性的思考が納得しないことを無批判的に受け入れるというのではない。

……自分は迷信深くあるべきではないと信じる、つまり、自分が読んだりした言葉によって自分に魔法をかけるべきでないと、つまり言葉を弄しているうちにある種の信仰に、ある種の不合理に入り込むべきではなく、そうすることは許されないと私は信じる。私は自分の理性を不純にすべきではない。

しかしながら、続けて、ウィトゲンシュタインは「人間が自分の人生の全行為においてまったく霊感に導かれるというのは可能だと私は信じる。そして今私は、これが最高の人生だと信じなければならない」と明言するに至るのである。

さきに、理性と良心の拮抗をみたが、ウィトゲンシュタインは理性／哲学がつかさどる領域と良心／信仰がつかさどる領域とを分けて考えている（もちろんこのように考えるのは彼に限ったことではない）。そうだとすれば、その二つの領域を結びつけることが困難なのは、容易に理解できよう。さらに、彼は並はずれて理性の力が強く鋭い人間であったから、その困難さや苦しみも常人の比ではなかっただろう――『秘密の日記』にあった一九一六年七月六日と七日の書きつけを想起していただきたい。このことが、ウィトゲンシュタインが信仰の世界に足を踏み入れるドラマを、凄味のあるものとしていると思われる。

六　光の輝きとともに

ウィトゲンシュタインはまたもや「光」という言葉を使って日記を書いているが、そこにはもうかなり信仰を深めた姿があるといえるだろう。

〈二月二二日〉

人間はおのれの日常の暮らしを、それが消えるまでは気がつかないある光の輝きとともに送っている。それが消えると、生から突然あらゆる価値、意味、あるいはそれをどのように呼ぶにせよ、が奪われる。単なる生存――と人の呼びたくなるもの――がそれだけではまったく空疎で荒涼としたものであることを人は突然悟る。まるですべての事物から輝きが拭い去られてしまったかのようになる。すべてが死んでしまう。人の生は、たとえ気がつかなくても、「光」に包まれながら／「ある光の輝きとともに」

営まれている、といいたいのであろう。後期の傑作『哲学探究』は日常的なものごとを題材にしながら議論を展開しているが、ひょっとすると、ウィトゲンシュタインは、人々はこの宗教的な「光の輝き」とともに日常生活を送っていると考えていたがゆえに、日常的なものごとを受容していたのかもしれない。なぜならば、『探究』にはこうあるからだ――「哲学は、すべてのものを、そのあるがままにしておく」（第一部第一二四節）。

しかしながら、比較的長いこの日の日記には、ウィトゲンシュタインが本当に描きたかった「恐るべきこと」とは、「もはや何に対しても権利を持っていない」という事態／「一切が祝福されていない」という事態である、とも明言されている。

あの状態（「もはや何に対しても権利を持っていない」「一切が祝福されていない」という状態）を前にしても持ちこたえられるように生きよ、なぜならお前のすべての知性、すべての悟性はその時まったくお前を助けられないのだから。お前にはその様なものがまったくないかのごとく、それらとともにお前は失われるのだ。……お前の生全体が掘り崩されるのであり、だからお前が持っているすべてとともにお前も掘り崩されるのである。お前が持っているすべてのものとともに、お前は震えながら深淵の上に吊るされるのだ。こうしたことがありうるというのが恐るべきことなのだ。……この状態は恐るべきものであるが、それにもかかわらずお前はそれを恐れるべきではない。お前はそれをいい加減に忘れてはいけないが、だがそれを恐れてもいけないのだ。**その時それはお前の生に真剣さを与えるのであり、恐怖をもたらすのではない。**

（そう私は信じる。）

ここでウィトゲンシュタインは、**「光の輝きとともに」**ある状態／**「祝福され」**た状態と、**「恐るべき」**状態／**「生全体が掘り崩され」**る状態という、いわば両極端にある状態の双方をみている。これは非常に重要である。後者の状態にあるだけで、そこから脱出できないとすれば、それは異常で好ましくない状態に没入していることにしかならない。だが、彼はそうした状態をみながらも、しっかりとその状態から距離をとった位置に自分をおいているのである――「この状態は恐るべきものであるが、それにもかかわらずお前はそれを恐れるべきではない」。

このように、二つの対立的状態の境界線に自分が立っていながら、けっして好ましくない異界に没入してしまわないということが、人間としてのウィトゲンシュタインを考える場合にきわめて重要である。たとえば、彼は自殺願望について頻繁にしたためているが、生涯、自殺はしなかったのである。本書全体にわたって論述しているように、神や宗教について思索しているときには、彼は理性に低い評価しかあたえていない。だが、自殺を思いとどまらせたのは、おそらく彼の強靭な理性的思索力だったであろう。

内外の多くの精神科医がウィトゲンシュタインを研究しており、彼にはけっこう多くの病名がつけられている。統合失調症の強い傾向があると指摘されながらも、発病しなかった理由の一つもここにある。すなわち、彼は、幻聴が起こるような病的世界にかかわる一方で、そこから距離がありそれを客観視できる世界にもいられたのである。そして、自分が病的世界へ引きずりこまれるのを、自分の強靭な理性的思索力が阻止したのである。

その具体例をあげよう。一九一四年一月、ウィトゲンシュタインはラッセルにあてて、ショルデンから不気味な手紙を書き送っている——「やっとこの二日間、亡霊たちの叫ぶ声の中から理性の声を再び聞き分けられるようになりました。仕事を再開せねばなりません。……でも、狂気からほんの一歩のところにいる、という感じはたった今までわかりませんでした」。自分が病的世界へ引きずりこまれるのを、自分の強靭な理性的思索力が阻止した見事な例がここに見られる。

そして、これと同様のことが、この二月二二日の日記の場合にもいえるであろう。

七　生の問いは「宗教的な問い」である

〈二月二三日〉

この日の日記には、二月四日にも登場した「言語ゲーム」ということばが出てくる。このことばは『日記』では二度しか登場しない。

> 宗教的な問いとは生の問いか、さもなくば（空虚な）無駄話でしかない。この言語ゲーム——と言ってよいだろう——は生の問いと共にしか演じることはできない。それは「痛い」という言葉が痛みの叫びとしてでなければ何の意味も持たないのとまったく同じである。
>
> 私はこう言いたい、もし永遠の至福というものが私の生、私の生き方にとって何の意味も持っていないのなら、私はそれについて頭を悩ませるべきではない。もし私がそれについて正当に考えることができるのだとすれば、私の考えることは自分の生と厳密に関係付けられなければならない。さもなくば私の考えることは無駄なおしゃべりであるか、あるいは私の生が危機に瀕しているのである。

まず注意すべきところは、「宗教的な問いとは生の問い」だという部分である。逆にいうと、ウィトゲンシュタインは「生の問いは宗教的な問い」であるとみなしているのだ。そうすると、彼にとって「生に関わる問いはことごとく宗教的な問いである」ということになる。そして、生の問いと格闘することは宗教的言語ゲームをプレイすることになる——「言語ゲームとしての宗教」。「永遠の至福」について考えることは宗教的言語ゲームをプレイすることであるが、これと自分の生とは「厳密に関係付けられ」る事柄である。かくして、永遠の至福について考えるウィトゲンシュタインの思索は、そのまま彼の生に結びつく思索なのだ。彼は至るところで「永遠の至福」をめぐって思索を展開している。

また、「**永遠の至福**」の反対は、たとえば「**恐るべきこと**」とか「**一切が祝福されていない**」状態などと、前日の日記で記されているものだろう。そうした状態についての思索も、当然のことながら、ウィトゲンシュタイン自身の宗教の言語ゲームに含まれる。なぜならば、「**永遠の至福**」と「**恐るべきこと**」「**一切が祝福されていない**」状態などは、ペアを構成することによって意味をなす概念だからである。

二月二三日以降でも、信仰の世界に目を凝らしながらも、「あるがまま」の自分を受け入れることのできない、苦悩するウィトゲンシュタインの姿がある。「利己的」(二月二四日)、「**卑劣**」(三月六日)、「才能の乏しい人間」(三月一二日)、「私の信仰は弱すぎる」(三月一五日)、「虚栄心」「ごまかし」「敵意」(三月一六日)、「**下等**」(三月二一日)、「**卑しい人間**」(三月二二日)、「けち」「さもしい」(四月二六日)……。こうしたことばを使用しながら、彼は自分の直視したくない面を突き刺すような眼差しでみつめる。

だがその一方では、六年前の一九三一年三月一日の日記に書き込んだような「人生をまったくそのあるがままに見る」態度も深化し、ウィトゲンシュタインが神に近づいている感じも受ける。

〈三月三日〉

ひざまずくことが意味しているのは、人は奴隷だということである。(ここに宗教が存するのかもしれない)

八　太陽を待つ

〈三月四日〉

ああ主よ、自分が奴隷だということさえ分かればよいのですが！

今太陽が私の家にとても近づいている。ずっと元気に感じる！　身に余るほど調子が良い。——

ウィトゲンシュタインは、ケンブリッジにいくことがあっても、暗い冬のショルデンの小屋に籠っているのであった。三月四日ともなれば、太陽も少しくらいは顔をみせるのだろうか。この太陽は神ではないか、あるいは、彼の中で太陽と神とが二重写しになってはいないだろうか。神と太陽が渾然一体となったように、ウィトゲンシュタインは感じなかっただろうか。春の太陽の「光」が小屋にふりそそがれ、家の中を照らしている。そういう光景が読者の目に浮かんでこないだろうか……。

しかし、その太陽はなかなか顔を見せてくれないのだ。太陽が地平線の上に出るのは、ウィトゲンシュタインの『日記』では、三月一八日か一九日ということになる。しかしながら、このころの『日記』には「太陽」ということばが頻出し、太陽の動向に言及する記述がきわめて多い。

〈三月八日〉

私は今、自分の家から太陽が見えるのをとても待ち焦がれている。そして毎日、あと何日間太陽がまだ見えないのか見積もっている。まだ十日間、あるいはひょっとするとあと二週間はここから見ることはできないと思っている。四日もすればもう太陽が見えると自分自身に言い聞かせたものの、こう思っている。だがあと二週間も生きているのだろうか?? 繰り返し私は自分に、今すでに見ているこの強い光が見られるのなら、それでもう十分に素晴らしく、自分は完全に満足できるのだ、と言わなければならなくなる。**これでも身に余ることであり、私はただ感謝しなければならない！**

現状に満足しようとするウィトゲンシュタインの姿、ありのままを受け入れようとする彼の姿、そうした姿をここに読み込めるのではないか。

もちろん、その後、平穏な日々が続くのではない。「私は才能の乏しい人間だ」(一二日)、「自分自身を認識するのはなんとつらいことか」(一三日)、「自分自身を認識するというのは恐ろしいことである」(一五日)、「神の摂理に対する私の信仰が、〈すべては神の意思により起こる〉という私の感覚が、弱すぎる」(一五日)といった、これまでの自己叱責の延長のような記述も随所にみえる。

〈三月一八日〉

今日、部屋の窓から、西の山の上に昇り始める時の太陽が一瞬見えた。神のおかげだ。だが恥ずかしいことだが、この言葉〔神——ウィトゲンシュタインは矢印で前行の「神」をさしている!〕が十分に心から出たのでなかったと今は信じる。というのも、さきほど本当に太陽が見つかった時、私はとてもうれしかった。しかし私の喜びはあまりにも深さに欠けており、あまりにも愉快なものであり、真に宗教的ではなかったからだ。**ああ、自分がもっと深遠であればどんなに良いか!**

〈三月二〇日〉

信仰という心の状態が人間を幸せにできるということを理解している、と私は信じる。というのも、もし人が心の底から、自分のために完全な者〔イエス・キリスト〕が自らを捧げ、自らの命を犠牲とし、それによって、始まりから自分を神と和解させてくれたのであり、それだから今から自分はこの犠牲にふさわしいようにのみ生き続けるべきである、と信じるのなら、それはその人間全体を高貴にせざるを得ない……からである。これが幸福へと向かう魂の運動であることを私は理解している。私はこう言いたいのだ。

私の信じるところでは、〔聖書には〕「お前たちは今赦されたのであり、『今後はもう』罪を負っていないのだと信じよ！」と述べられているのである――しかしこの信仰が一つの恵みであることもまた明らかである。そして私の信じるところでは、信仰の条件とは、我々がなしうるすべてをなし、同時に、それが我々には何ももたらさず、どれほど我々が苦しもうとも、我々の罪は赦されぬままである、ということを見ることである。その時に赦しは正当となるのである。（傍点引用者）

最終的には「赦しは正当となる」のだが、「なしうるすべてをなし」ても信仰は「我々には何ももたらさない」、「どれほど我々が苦しもうとも、我々の罪は赦されぬままである」と断言するところにも、ウィリアム・ジェイムズがいう「病める魂」の持ち主である、ウィトゲンシュタインの宗教観の一端を読み取れようか。

また、本章冒頭で、モンクの「ウィトゲンシュタインが求めた神との和解」ということばを紹介したが、彼自身もここで「自分を神と和解させてくれた」という表現を使用していることにも注意しておこう。

〈三月二二日〉

「今日太陽はここで十二時に昇り、今完全に現れている」、「樹々は今朝厚い雪に覆われていたが、今それはすべて融けている」という三月二二日、ウィトゲンシュタインは次のように述べる。

ここには誰もいない、しかしここには壮麗な太陽があり、そして一人の卑しい人間がいる。――

「壮麗な太陽」とは神の間接的現われであり、「一人の卑しい人間」というのはウィトゲンシュタイン自身であろう。彼はショルデンの小屋において「単独者」（彼が読みふけったキェルケゴールの使用する術語）として、太陽を介しながら、神と向かい合っているのである。

九 「そのあるがままに」

〈三月二五日〉

だが、三月二五日にも、神に徹底した「服従」がなかなかできない自分を見いだす。この日の日記の日付には、強調の二重の傍線が付されている。特別の思いがあったのだろう。

明日（聖金曜日に）私は断食をすべきだという考えがやってきた、そして、私はそうする、と考えた。だがすぐさま命令のように、自分は断食をしなければならない、と私には思えてきた。そして私はこれに抵抗した。「心からそう思えたなら私はそうしようとするのであり、命令されたからそうするのではない」と私は言った。だがこれではまったく服従にならないのだ！　心から思っていることをするというのは断念にはならないのだ……。結局お前はそこで死んではいないのだ。それに対して命令に服従するとき、まさにお前は純粋な服従から死ぬのである。それは死の苦しみだ。だがそれは敬虔な死の苦しみでありうるし、そうでなければならないのだ。少なくとも私は事をこう理解する。だがこう理解するのは私自身なのだ！　――それがより高貴なことだと分かっているのに、死んでしまいたくないと自分は思っている、と告白します。それは恐ろしいことだ。この恐ろしさが、ある光の輝きによって照らされますように！

ここ二、三日まったく良く眠れない、自分が死んだように感じられ、仕事ができない。考えが濁っていて、暗く意気消沈している。（つまり私はある宗教的な考えを恐れているのだ。）

〈三月二六日〉

しかし、翌三月二六日、ついにウィトゲンシュタインは、六年前の書き込みのように、「人生をまったくそのあるがままに見る」ことができる境地に到達するのである！

私は自分のあるがままにおいて、自分のあるがままに照らされ、啓かれている。私が言いたいのは、私の宗教はそのあるがままにおいて、そのあるがままに照らされ、啓かれている、ということだ。昨日、私は今日よりも照らされ方が少なかったわけではないし、今日、より多く照らされているわけでもない。……

神の恵みのおかげで今日は昨日よりもずっと調子がいい。

ここにきて、ようやく、ウィトゲンシュタインは「私は自分のあるがままにおいて、自分のあるがままに照らされ、啓かれている」と感じられる宗教的境地に到達したわけだ。『日記』の訳者の鬼界は"erleuchten"を「照らされ、啓かれている」と訳した理由を、「ここでは、心の闇が上からの光により照らされると同時に、それをきっかけとしてウィトゲンシュタイン自身の宗教性が、ある境地、すなわち信仰に到達するという意味も込められている」からであると述べている（訳註参照）。

一言、つけ加えるとすれば、この語はもちろん受動態で使用されているのだが、これはウィトゲンシュタインが神に主体的に向かうことを放下している状態を示していると思う。そこでは、能動的な主体性は消滅している。これまでの引用にも、自己を放下しているような記述が散見したが、この状態は、神との合一や神秘体験ではないとしても、そうしたものと共通する点もあろう。すなわち、最終的に、そうした状態／体験は人間の側から求めていって得られるものではない。必ず、向こう側から人間の側に訪れるものなのだ。

一〇　「神のみがほめたたえられるべし！」

『日記』はこれで終わるのではなく、まだまだ容赦のない、刃物を突き刺すような自己省察がつづく。だが、右のような境地に到達したウィトゲンシュタインを見届けたところで、この日の日記からおよそ二週間後の日記の最後を引用して、本章を終えたい。

「お前は何にもまして完全な者〔神〕を愛さねばならない、そうすればお前は幸福である」。私にはこれがキリスト教の教えの総まとめであるように思われる。（四月九日）

神のみがほめたたえられるべし！（四月一一日）

以上で跡づけてきた『日記』は、一九三七年一月から四月までのわずか三か月間のものである。すなわち、ウィトゲンシュタインが四十七歳のときの三か月間の記録である。しかしながら、この『日記』には、彼の生涯を貫く「神との和解」（モンク）の希求やそこへいたる過程（途中のものにせよ）が集約されているように思われる。ここで提示された彼の神／キリスト教に対する姿勢が、さまざまなバリエーションを呈しながら、彼の生涯において示されているのだ。

第六章　ユダヤ人意識と同性愛をめぐって

一　ウィトゲンシュタインのユダヤ人意識

第一章で述べたように、ルートヴィヒの父方の祖父ヘルマンは、プロテスタントに改宗するまえはユダヤ教徒だったし、カトリック信者である母親のレオポルディーネにも、ユダヤの血がまじっているといわれている。このように、ルートヴィヒが育ったウィトゲンシュタイン家には、宗教的にやや複雑な事情があった。人間としてのウィトゲンシュタインを考える場合には、彼がユダヤの血をひいていることを考えねばならない。

ウィトゲンシュタインが生まれる前後の、ウィーンにいたユダヤ人たちについてふれておこう。彼らの多くはずっと以前からユダヤ教の礼拝をやめ、通常はルター派の信者として、またときにはカルヴァン派の信者として洗礼を受けていた。そして、ユダヤ人は、特権階級・公務員・軍人を別にすれば、どんな階級にもいて、一九一〇年までにウィーンの人口の五パーセントを占めるにいたる。とりわけ、医学・法律・ジャーナリズム関係の職業人のなかでは最大の比率を占めていた。ウィーンに同化して経済的・社会的に成功をおさめたユダヤ人は、芸術家たちに経済的な援助をしたり、彼らの交流に寄与したりするようになる（ウィトゲンシュタイン家に出入りした音楽家たちのことや、画家のクリムトたちをカールが援助したことを思い出していただきたい）。また、ユダヤ人の天才たちもさまざまな分野で現われる。著述家のクラウス、作家のホフマンスタール、心理学者のワイニンガー、精神分析のフロイト、音楽家のマーラーやシェーンベルク、哲学者のポパー、経済学者のケルゼン、数学者のゲーデルなど、例をあげればきりがない。

こうした状況において、ウィトゲンシュタイン家の人々のユダヤ人意識はどのようなものだったのだろうか。トゥールミンとジャニクは「カール・ウィトゲンシュタインの子供たちは、彼のプロテスタント的人生観を身につけたにもかかわらず、家系上は自分たちを全くのユダヤ人であると考えた」という。そしてその例証として、たとえばルートヴィヒの姉のマルガレーテは、一九三八年のドイツによるオーストリア併合ののち、彼女とその家族をユダヤ人でないとみなしたナチスにたいして、「ほかのウィーンのユダヤ人と一緒に拘置されること」を主張したことをあげている（『ウィーン』）。

トゥールミンたちの意見が全面的に正しいかどうかを判断する資料は知らないが、ウィトゲンシュタイン自身もユダヤの家系であることを強く意識して生きていたのは事実である。たとえば、あるとき彼はドゥルーリーに「君の宗教的理念は聖書にあるようなものではなく、ギリシア的なもののようだ。しかし、私の思想は百パーセントユダヤ的だ」と述べている。

第一章でウィトゲンシュタインが実姉ストンボロウ夫人（マルガレーテ）の邸宅の建築に携わったことを述べたが、ひょっとしたら、この邸宅とウィトゲンシュタインがユダヤ人であることとは、関係があるかもしれない。つまり、ユダヤ教に顕著なイコン排除の精神をめぐってなんらかの関係が両者にあるのではないか、ということだ。

I・ドイッチャーは、『非ユダヤ的ユダヤ人』（岩波新書）において、次のように回想している。

崇高な礼拝の詩歌はその屋根の下にひびきわたっていたが、シナゴーグ〔ユダヤ教の教会〕の壁面は、飾り気なく冷然としていた。東欧のユダヤ人居住地区の小さな町は、素晴らしい歌手や音楽家や放浪の詩人や歌手、民話の作曲家を生みだしたが、画家や彫刻家は見あたらない。タルムードの中世的研究に対するハシディズムの反抗も何千年にわたる「彫まれた像」に対する嫌悪の情を軽減せしめることはできなかった。

ユダヤ教をになう民は、すべてを焼きつくす太陽と、何も育ちそうにない灰色の大地だけの世界で生きたせいだろうか、ドイッチャーが回想しているように、ユダヤ教の視覚芸術の排斥は有名である。「出エジプト記」で、神は次のように語っている。

汝おのれのために何の偶像をも刻むべからず。また、上は天にあるもの、下は地にあるもの、ならびに地の下の水の中にあるものの、如何なる形をも作るべからず。

この十戒のひとつを厳守することにより、視覚芸術の成長は疎外されてきたのである（さらにいえば、視覚性の少なさが旧約聖書全体の特徴だといえる）。

ウィトゲンシュタインの建築にもイコン排除の精神がみられはしないだろうか。邸宅の外観はエンゲルマンの仕事だが、一切の装飾を排したドアや窓、朝食室の暖房器、たった一つの電球で照明されたホールなど、何をとってもストンボロウ邸には、ユダヤ的なイコン排除の精神をみることができるのだ。そのうえウィトゲンシュタインは、この家ではカーテンやカーペットの使用も許さなかった。

ウィトゲンシュタイン自身のユダヤ人意識について考えよう。彼はロシア語を習っていたことがあるが、このときのロシア語の教師であったパスカル夫人は、彼の「二つの告白」について述べている。その一つは、田舎の小学校に勤めていたとき、生徒に体罰を加えたのに、校長には、体罰など加えていないと嘘をついたことである。もう一つは、ユダヤ人意識にかかわることである。そのときの模様を夫人はこう語っている。

それは、ウィトゲンシュタインがノルウェーから帰ってきた一九三七年の新年のことでした。彼はある朝、呼び鈴を鳴らし、私に面会できるか否かをたずねました。（たしか、そのとき私の子供の一人が身体の具合がよくなかったので）それは緊急を要することかと彼に尋ねたところ、彼は断固として、「それは緊急を要することです、待つことはできません」といったので、私はイライラしてしまいました。テーブルを間にして彼と向かいあい、待てることがあるとすれば、この種の告白、こんな仕方で行なわれる告白こそ、そうしたものではないか、と考えたものです。（「個人的回想」）

このようにして始まったユダヤ人であることについての「告白」とは、次のようなものである。ウィトゲンシュタインは、自分を知っている人々の大部分が、彼を四分の三アーリア人（非ユダヤ人）で、四分の一非アーリア人（ユダヤ人）であると思っていることを知っていた。しかし、実際の割合は逆なのである。それにもかかわらず彼は、この誤解を解く方策をなんらとらなかった。そういう内容の告白である。

どうして、このときパスカル夫人（およびムーア）にこうしたことを打ち明けるような気になったのかは不明だが、おそらくこれは、一九三三年にヒットラーが政権を掌握して、ユダヤ人を虐待しはじめていたことと無関係ではないと推察される。また、パスカル夫人は、ウィトゲンシュタインがユダヤ人／非ユダヤ人という用語を使用せず、アーリア人／非アーリア人という用語を使用したことは「非常に大きな相違である」と述べている。これはおそらく、アーリア人／非アーリア人という区別が、ナチスの用いた区別だったからだろう。藤本隆志が論じているように、「〈ユダヤ人〉ということばを避けるほどまでに〈ユダヤ人〉の問題がかれの心胸にわだかまっていた」（『ウィトゲンシュタイン』講談社、一九八一年）という見方もできる。

西洋人のうちにあるユダヤ人意識、もしくは非ユダヤ人意識は、われわれ日本人には理解しがたい。そのうえ、ウィトゲンシュタイン自身がこれについて率直に語っている文章や対話も、彼の残したもの全体からみれば、じつに微々たるものである。したがって、ウィトゲンシュタインがこの問題と自分の血統についていかなる考えをいだいていたかを、正確に判定することはできない。しかしながら、ユダヤ人についての見解をすこしばかり書きつけた『断章』に、その一端が垣間みられる。

西洋文明のなかで、ユダヤ人はいつも、自分には合わない物差しで計られる。……われわれの「言語」の単語が、物差しそのものに思われるために、われわれは、ユダヤ人をいつも不当にとりあつかってしまう。つまり、ユダヤ人は、一方で過大評価されるかと思えば、また一方で過小評価される、といった具合なのだ。（一九三一年、『断章』）

ユダヤ人の歴史は、ヨーロッパ民族の歴史のなかで、手厚くは扱われていない。手厚く扱われて当然なほど、ユダヤ人はヨーロッパのできごとに関わってきたにもかかわらず、である。なぜそのような不当な扱いをうけるのか。ユダヤ人は、ヨーロッパの歴史において、一種の病気、さらには異常として、感じられているからである。また、だれも好んで、病気と正常な生活とを、いわば同列には置かないからである。（一九三一年、『断章』）

ウィトゲンシュタインの観点からも、ヨーロッパの歴史において、ユダヤ人は不当な扱いを受けてきたのである。

また、ユダヤ人と迫害については、次のように評している。

「人目を忍び、身を隠すというユダヤ人の性格は、長年にわたる迫害の結果、身についたものである」。ときどき、このようにいわれてきた。だがそれは、絶対に違う。それとは逆に、たしかなのは、こういうことだ。つまり、迫害にもかかわらず、ユダヤ人がまだ生き残っているのは、ただ、人目を忍ぶ傾向がユダヤ人にあるからにすぎないのである。これに似た事情がある。これこれの動物がまだ絶滅していないのは、ひとえに、その動物の身を隠す能力、あるいは可能性があるからにすぎない、という事情である。だからといって、私は、そういう能力をほめたたえるべきだ、などといっているわけではもちろんない。断じて違う。（一九三一年、『断章』）

ユダヤ人が迫害にもかかわらずこれまで生存しつづけてきた要因である「人目を忍ぶ傾向」や「身を隠す能力」、これらをウィトゲンシュタインは「ほめたたえるべき」ではない、と断言している。ひょっとするとこれは、ある程度、彼自身に向けられたことばであるかもしれない。というのは、彼はパスカル夫人に告白したように、自分の素性を「隠して」いたから、つまり、ユダヤ人としての自分の血統をめぐる周囲の誤解を解かなかったからだ。

さらにまた、ウィトゲンシュタインは、ユダヤ人と自分のオリジナリティのなさについても書き残している。

ユダヤ人の「天才」というのは、聖者のなかにしか見出せない。ユダヤ最高の思想家ですら、才人にすぎない（たとえば私）。（一九三一年、『断章』）

私の思考は、厳密にいえば複製・再生でしかない。私がそう考えるのは、ある意味では正しいと思う。思想の運動というものを私が作り出したことなど、一度もないのではないだろうか。それはいつも、だれかほかの人から貰ってきたものにすぎない。私はただ、明晰化という自分の仕事のために、すぐさま情熱的に思想運動にとびついただけのことである。こうして、私は、ボルツマン、ヘルツ、ショーペンハウアー、フレーゲ、ラッセル、クラウス、ロース、ワイニンガー、シュペングラー、スラッファから影響をうけた。（一九三一年、『断章』）

「たとえば私」というのが、「ユダヤ最高の思想家」に力点があるのか、それともたんに「才人」のみを指しているのか、興味のあるところだが、後の段では自分には独創性はないといい切っている。このことは『論考』の「序文」と呼応する。『論考』には引用がまったくないが、ではこれはすべてウィトゲンシュタインの独創から生まれたものなのかといえば、たんに「私の考えたことが、すでに他人によって考えられていたかどうかということに、関心はない」だけなのである。自分でも「ここで書かれたことの詳細は、およそ新奇なものではない」と明言している。

たしかに、ウィトゲンシュタイン自身が述べているように、『論考』は〈全員ではないにしても〉右の人たちの思想を彼のなかで融合させたものであるかもしれない。たとえば『論考』の仕事を、本質的にはヘルツやボルツマンらの仕事から導かれたとするトゥールミンとジャニクは、次のような指摘をする。「〈真理表の方法〉は、現実の物理的〈事態〉を、特定の多次元的空間内で定義される可能な〈事態〉の全体の集合に統計的に配分されたものとして取り扱うボルツマンの方法から、ほんの一段階で到達する」（『ウィーン』）。

さらにウィトゲンシュタインは、ユダヤ人のオリジナリティのなさを認識しながらも、右の引用につづけて、以下のようにも語っている。

（当否のほどは別として）このようにいえるかもしれない。ユダヤの精神は、ごく小さな一本の草花すら生み出すことができない。しかし、他の精神のなかで育った草花を模写し、そこから完全な像を描きあげるのは得意なのである、と。……しかし、ユダヤの作品の流儀と非ユダヤの作品の流儀とが混同されるとき、とくにユダヤ人のつくり手がその種の混同をするときに……はじめて危険が生じる。……ほかの人の作品を、そのつくり手自身よりもよく理解する。これが、ユダヤの精神の特徴なのである。（一九三一年、『断章』）

ユダヤの精神／作品の流儀と非ユダヤの精神／作品の流儀とを峻別しているところに、やはり、ユダヤ的なものと非ユダヤ的なものに一線を画すウィトゲンシュタインの姿を読みとることができる。

ユダヤ人と金銭をめぐる問題にも言及されている。

ユダヤ人は、文字どおり「すべてに無関心」でなければならない。だがそれは、ユダヤ人にとってはとくに難しい話だ。なにしろユダヤ人ときたら、いわば一文なしなのだから。自分からすすんで貧乏であることが難しいのは、その気になれば金持ちになれる場合よりも、貧乏であるほかない場合だ。（傍点原著者、一九三一年、『断章』）

この引用だけでは、ウィトゲンシュタインのいわんとするところは捉えにくいが、次のように解釈したい。彼は父親が死んで多額の遺産を相続したので、『ブレンナー』誌のフィッカーを介して、十万クローネをオーストリアの貧乏な芸術家に贈った。また、第一章で述べたように、第一次世界大戦から復員したあと、自分の財産をことごとく兄姉たちに譲って無一文になってしまった。後者の理由の一つとして、戦時中に受けたトルストイからの影響をあげたが、また別の理由として、右の引用にみられる「自分からすすんで貧乏であることが難しいのは、その気になれば金持ちになれる場合よりも、貧乏であるほかない場合だ」という考え方――これは全財産を処分してから十二年もあとのことばではあるが――も、彼のそうした行為を促したと推察できる。いいかえれば、ウィトゲンシュタインは「その気になれば金持ちになれる」という可能性を手放したのだ。

ウィトゲンシュタインが建てたストンボロウ邸にみられる、イコンの排除というユダヤ的な精神にくわえて、『断章』で語られることばを拾っていくと、彼の言動・思索・感受性の背後には「ユダヤ的なもの」が潜んでいる、と考えざるをえない。彼は「ユダヤ人というのは、荒れ果てた地帯である。だが、その薄い岩石層の下では、精神的なものが、火のような熔岩塊となって、大きく横たわっている」（一九三一年、『断章』）と語っているが、ウィトゲンシュタインという「荒れ果てた地帯」の下では、ユダヤ的な精神が「火のような熔岩塊となって、大きく横たわっている」からこそ、あれだけの厖大な思索の軌跡をのこすことができたのではないか。

ところで、ウィトゲンシュタインは、ユダヤの血をひいていることで、宗教的に悩んだのだろうか。これについては決定的なことはいえないが、ユダヤ人だということを強く意識はしていても、とくに宗教的に悩んだことはなかったようだ。というのは、カトリックの幼児洗礼を受けているものの、また「マタイによる福音書」やトルストイの『要約福音書』を熟読したものの、自分を狭義のキリスト教徒として意識したことはないからである。彼は一人の人間／「単独者」として、ユダヤ＝キリスト教の神を求めたからである。そこでは、ユダヤ教とキリスト教との間で引き裂かれるようなことはなかったであろう。リースは「ウィトゲンシュタインは自分の祖先がユダヤ人であったことを決して悩んだことはない、と確信している」(「追記」)と述べている。さらに、パスカル夫人におこなった告白についても、岡田雅勝がいうように、「ユダヤ人の血筋の問題に関して言えば、彼がユダヤ人であることについて特に悩んだのではない。彼の罪意識は人々の誤解を解かなかったことにあった」(『ウィトゲンシュタイン』清水書院、一九八六年)と解釈するのが妥当であろう。

二　同性愛

本節では、ウィトゲンシュタインにおける「同性愛」という問題について考える。ウィトゲンシュタインが幼少のころのウィーンには、すでに「科学的人道主義会」という同性愛の解放をキャンペーンしていた団体などがあった。こうした団体が存在していたことは、当時でも、同性愛はかなり一般的な現象であったことの証でもある。それでも、ウィトゲンシュタインが生きた当時の西洋キリスト教社会においては、現在ほど、同性愛に寛容ではなかったであろう。以下しばらくは、ウィトゲンシュタインの同性愛をめぐる、一九七〇年代くらいまでの人々の証言や見解を紹介しよう。

プラトンからレオナルド・ダ・ヴィンチにいたるまで、あまたの天才は同性愛者であったことが知られている。また同性愛は、地球上のほとんどの社会で見られる現象だとされている（高橋進ほか『性的異常の臨床』金剛出版、一九八三年）。ウィトゲンシュタインが同性愛者であったらしいことを世界に知らしめたのは、W・バートリー三世の著書『ウィトゲンシュタイン』（一九七三年）である。「〈天才的に輝く瞬間にこそ死にたい〉と自分を語っている純粋にして激烈なこの天才は、同時にまた、途方もない相手かまわぬ性行為への発作に身をまかせた同性愛者だった」と論じ、プラーター（映画「第三の男」で有名になったウィーンの公共遊園地）界隈やロンドンのホモセクシュアル・バーなどでその事実をインタビューによって立証できた、というのである。けれども残念ながら、この著作には証拠や根拠が示されていない。しかし、バートリーの解釈には、納得できる非常に鋭い指摘がある。彼の研究――リースやヒュープナーなどの学者はこれに批判的であるが――にもとづいて、ウィトゲンシュタインが同性愛者であったと仮定しながら、このことと彼の宗教観・倫理観とのつながりを考えてみたい。

ウィトゲンシュタインの生涯を追ってみると、女性に関することが重要な位置をしめていたことがないのに驚かされる。彼は、幼少のころから女性とはほとんど縁がないのである。たしかに、彼が滞在したノルウェーのショルデンの市長であったクリンゲンベルクは「ウィトゲンシュタインはかつて、恋人だと紹介した女友だちと長いあいだ小屋で生活していた」と証言している。また、ヘンゼルには「もしそうしなければならないのなら、彼女と結婚するでしょう」といったといわれる。その女性、マルガリーテ・レスピンガーの写真もウィトゲンシュタインのアルバムにある。

しかし、ヴフタールとヒュープナーは「このような計画〔彼女との結婚〕やそれに類する計画を彼がまじめに実現しようと試みたとは言えない」と述べている。その生涯において、恋愛の対象としての女性との交際がほとんどなかったことを考えると、ウィトゲンシュタインと結婚は結びつきがたい。藤本隆志は「そもそも美しくて才気煥発、愛情にみちあふれた年長の姉を三人ももった末っ子の男の子が、同世代の女の子に物足りなさや不完全さを感じ取るようになったとしても、あまり不思議なことではないのではあるまいか」(前掲書)と論じている。そう考えることに不都合はないが、たとえ幼少のころはそうであっても、生涯にわたって恋愛の対象として女性にほとんど興味を示さなかったというのは、いささか不自然な気もする。マルコムたち弟子や友人に、ウィトゲンシュタインが「女哲学者などと結婚するな」と忠告していたのはよく知られている。また、パスカル夫人も「知的な」と限定つきではあるけれども、「ウィトゲンシュタインは知的な女性を嫌悪していた」と証言している。

バートリーの著書に話をもどすと、彼がウィトゲンシュタインを知る者と話してわかったことは、ウィトゲンシュタインは「洗練された若者」ではなく、「粗暴な若い男」と関係をもちたがっていたらしい、ということである。プラーター界隈でこうした男を探しだすのは簡単で、彼は幾夜も彼らを求めて、そこをうろついたという。このようなとき、彼は「ほとんど抑制できない悪魔」にとりつかれていた、と友人に語った。

バートリーの著述から考えれば、ウィトゲンシュタインは、抑制しがたいほどの魅力を感じる「粗暴で無骨な若者」を避けるために、それほど魅力を感じない「洗練された若者」と一緒にいることが多かったとも推測できる。「洗練された若者」とは、「従順な、顔立ちのととのった」青年、またパスカル夫人のいう「子供のように純真で、第一級の明晰な頭脳をもった」青年である。彼女によれば、こうした青年を、ウィトゲンシュタインは自分の哲学の深化のために必要としたという。バートリー流に解釈すれば、ウィトゲンシュタインは彼らと一緒にいる場合は「粗暴な若い男」への欲望から逃避できて、肉体的な関係ではなく精神的な関係を享受できることになる。また、こうした若者の場合は、粗暴な若者の場合とは反対に、「〈他人にたいして〉支配的」と形容されたウィトゲンシュタインが、彼らを容易に思いのままに動かすことができたとも考えられる。いずれにせよ、「洗練された若者たちと一緒にいることは、ウィトゲンシュタインの気をまぎれさせ、同性愛的肉体関係をもつことに追い込む欲望や孤独から彼を守った」という推測も推測としては成立するであろう。

もうひとつ、ウィトゲンシュタインが同性愛的肉体関係から身を守る手段としては、ウィーン、マンチェスター、ロンドンなど「危険な場所」、つまり、「知的で精神的な要素のない、偶発的で非人格的な肉体関係」を容易にもち得る場所から遠ざかることがあった。そこで、彼は、そうした可能性の少ないと思われるノルウェーの田舎〈筆者も訪れたショルデン、そこの湖の崖の上に建てられた人の接近を峻拒するような「小屋」)、ケンブリッジ、オーストリアやアイルランドの寒村に住んだのである。バートリーにいわせれば、「ウィトゲンシュタインは完全に〔男との〕セックスから逃れることのできない、ある種の……悲しい人生を生きた」ことになる。

ウィトゲンシュタインが同性愛者であったか否かを推察する決め手はないが、彼が同性愛者であり、プラーターなどで男たちと関係をもっていたとすれば、辻褄が合うことも多い。それはたとえば、一九一九年から二一年にかけてエンゲルマンへあてて書かれた手紙を読み解く場合である。

(1)「私がどんなに堕落しているかということは、すでに私は何度も自殺しようと考えたことから、おわかりでしょう。しかし、それは私が悪いことに絶望したからではなく、全く外的な理由によるのです」(一九一九年一一月一六日)。

(2)「ここ二、三日、ぞっとするような状態にあります。この状態は今日も続いています。これほどまでに苦しみを私にひきおこすものは何か。これについては、まだあなたには言いたくありません」(一九二〇年一月二六日)。

(3)「私の外的状況は、いまや非常に悲惨なものであり、私の精神を疲労困憊させています。そのうえ私には、なんら頼るべきものもないのです」(一九二〇年二月一九日)。

(4)「最近の私の状況は、非常に悲惨なものです。今もまた、私は、いつの日か悪魔がきて私を連れ去るのではないか、と恐れています。これは、冗談ではありません！」(一九二〇年四月二四日)。

(5)「最近、何もかもがまったく悲惨なありさまになってしまいました。もちろん、それは、たんに私が下劣で腐っているからです。今までずっと自分で自分の命を断つことを考えてきたし、今でもそれが頭から離れません。私はどん底まで落ちてしまいました」(一九二〇年五月三〇日)。

(6)「私はいま、前にもしばしば陥った、自分にとってはとても恐ろしい状態にいます。すなわち、ある種の事実から脱出できないという状態です」(一九二〇年六月二一日)。

(7)「私は一年以上も道徳的に完全に死んでいます！　……今日ではたぶん、それほど希有でない症例の一つです」(一九二一年一月二日)。

(1)の「堕落」「外的理由」、(2)の「ぞっとするような状態」「まだ言いたくない」もの、(3)の「非常に悲惨な外的状況」、(4)の「最近の私の非常に悲惨な状況」、(5)の「下劣で腐って」「どん底まで落ちてしまった」原因、(6)の「恐ろしい状態」「ある種の事実」、(7)の「道徳的に完全に死んでいる」理由などに着目し、ウィトゲンシュタインが同性愛者だったと仮定すれば、これらのことばが示すものの見当がつく。さらに、当時の社会の裏側では同性愛がかなり広まっていたことを考えあわせれば、(7)の「今日ではたぶん、それほど希有でない症例の一つ」で彼がいわんとしたことも理解できるのである。

コリン・ウィルソンは、『性のアウトサイダー』(鈴木晶訳、青土社、一九八九年)という本を著わしたが、そのなかにウィトゲンシュタインと同性愛を論じた部分がある。彼は「性的アウトサイダー」という視点から、バートリーの『ウィトゲンシュタイン』にもとづきながら、ウィトゲンシュタインに迫っている(以下の論述は、鈴木晶訳「天才か、性倒錯か?」(『ユリイカ』一九八八年九月号、青土社、所収)による)。

ウィルソンによれば、二十世紀を代表する人物のなかで、ウィトゲンシュタインほど「葛藤のメカニズム」を如実に体現している者はほかにいない。ウィルソンは一九五七年(ウィトゲンシュタインの死後六年後)に『宗教と反抗者』のなかでウィトゲンシュタインについて論じたが、当時はまだ彼の名前は崇拝の厳粛な雰囲気に包まれていて、誰もその同性愛の傾向をほのめかしさえしなかった。その後、バートリーの著書が出て、一九五七年当時には理解できなかったことの多くが、同性愛によってほとんど説明がつくこと、ウィトゲンシュタインの暗い禁欲主義の根柢には同性愛に対する罪悪感があったことが明らかになった、という。さらに、ウィルソンがラッセルに会ってウィトゲンシュタインの話をしたとき、ラッセル夫人から「私も夫も、ウィトゲンシュタインの乱れた性生活には不賛成で、知り合いの青年たちを彼から守ってやらなければならないと思いました」と聞いたという。

こういうことを踏まえながら、ウィルソンはバートリーの「鋭い指摘」を引用する。ウィトゲンシュタインがそうだったように、人は自分が何をしでかすか判らないという恐怖にかられると、そうできないような環境をつくりあげようとする。それによって、ある意味ではやりたいけれどやってはいけないことを、やらずにすまそうとする。ウィトゲンシュタインはそうした。彼がつくりあげた環境のパターン〔人口密度の極めて低い場所に好んで住んだこと〕をみれば、彼の奇妙な行動が多少とも理解できる。バートリーの指摘は同時に、哲学に対するウィトゲンシュタインの態度を理解するのにも役立つ、とウィルソンは考える。「ウィトゲンシュタインは、聖人や修道僧にしばしば見られるような性向の持ち主だった。すなわち、意味や目的を強く渇望し、それを見つけられないと、底知れぬ自己嫌悪に陥るのだった」。そして、「挫折感、奈落に落ちる寸前のところで生きているという意識から、ウィトゲンシュタインは確実性を渇望し、『論考』の哲学体系をうみだすことになった」。

さらに、ウィルソンによれば、ウィトゲンシュタインの人生で重要なのは、「自分自身にたいする測り知れない不満によって衝き動かされていた」ということであり、「この不満の源は、たくましく成長した理性の力と、それを嘲笑するような感情や〔たとえば同性愛的〕欲望との葛藤である」と論じている。

次の章で、「生活を統制するものとしての宗教」という視点からウィトゲンシュタインの宗教観を論じるが、これは彼の同性愛的傾向と密接な関係がある、という解釈も成り立つ。彼は、常日頃から「自分は根本的に変わらなければならない」と考えており、キリスト教によって「暮らしぶり（あるいは、暮らしの方向）を変えなければならない」とか、「キリスト教の場合、われわれは何かに心を摑まえられ、方向転換しなければならない」などと書いている。また彼は、同性愛者であった自分のことを「堕落している」「ぞっとするような状態」「非常に悲惨」「悪魔がきて連れ去る」「下劣で腐っている」「どん底まで落ちてしまった」「恐ろしい状態」「道徳的に完全に死んでいる」などと形容している。これらのことを考えあわせれば、ウィトゲンシュタインは、同性愛的傾向にあることもふくめて「全体としての自分の生活を宗教によって変えたい」と切に願っていたことが推測できる。いいかえれば、彼が同性愛者であったとすれば、「宗教は人の生活を変えなければならない、統制しなければならない」と主張していることの舞台裏が、さらに明確になってくるのだ。たしかに、(1)ウィトゲンシュタインが同性愛者であることをほのめかすエンゲルマンあての一連の手紙と、(2)「宗教は人の生活を変えなければならない、統制しなければならない」という彼の主張とは、年代的にみれば二十数年の開きがある。それでも、両者には深いつながりがあると推測することに、不都合はないであろう。

現代の精神医学によれば、「同性愛的興奮の持続したパターンがあり、患者ははっきりとそのことが嫌で、持続的な苦悩の源泉であったと述べる」場合に「精神障害」と診断されるが（前掲『性的異常の臨床』）、ウィトゲンシュタインにも、かなりの程度、このことが当てはまると思われる。いいかえれば、ウィトゲンシュタインは自分が同性愛者であることが「嫌」で、これは彼の「持続的な苦悩の源泉であった」のだ。だからこそ、肉体関係をもったあとで非常な後悔の念をいだいたのである。そして、この苦悩によって生じる「自分の生を変えたい」という願望と、「宗教は人間の生を変えなければならない、統制しなければならない」という見解とのあいだには密接な関連があるということだ。このように考えれば、「宗教は人の生活を変えたり、統制したりするものだ」という彼の主張が、さらに迫真性をもって迫ってくる。

筆者は本節の冒頭で、「一九七〇年代くらいまでの人々の証言や見解を紹介しよう」と述べた。その後も、ウィトゲンシュタインの同性愛をめぐる問題はいろいろと取沙汰されてきた。バートリーは、一九八五年に出版した改訂版の『ウィトゲンシュタイン』の「あとがき」で、自分に対する批判に反論している。だが、初版と改訂版とのいずれにおいても、プライバシーを盾に、自分の主張の根拠や証言者を明確にしていない。とはいえ、このことが彼の主張を全面的に否定できることにはつながらない。すなわち、依然として、彼の主張の真偽は隠されたままなのだ。モンクは『ウィトゲンシュタイン』の最後にわざわざ「バートリーのウィトゲンシュタインと暗号の覚え書き」という補遺をつけて、彼の同性愛の問題を総括している。

そして、モンクの著書のなかで決定的な証拠が提示された。彼はその伝記の第Ⅲ部第15節で、一九三七年九月二二日の手書きの書きつけ（MS118）を解読し、以下のように論じているのだ。少々長いが引用する。引用文中、「　」内の文がウィトゲンシュタイン自身の書きつけである。フランシスとは、フランシス・スキナーという彼のケンブリッジ大学での教え子の哲学者であり、「粗暴な」男とは正反対の男性であるが。

翌日〔九月一八日〕、ウィトゲンシュタインはフランシスを出迎えにベルゲンへ行った。彼は非常に性欲を感じたと書いている。その夜、彼は眠ることができず、性的な興奮状態に悶々としていた。一年前は彼はもっともっと慎しみ深かった――もっと真面目だった。フランシスが彼の家に着いた後で、ウィトゲンシュタインは彼と「肉欲に耽り、官能的に振る舞い、淫らに交わった」。「彼と二、三度寝た。最初、そうしても悪いという感情は何もなかった。その後で恥じらいの感情をもった。また彼に対して不当な、激しい、不誠実をしてしまった」。これが彼とフランシスが性的に交わったただ一つの機会であったのかどうかは、私にはわからない。確かなことは、彼のコード（暗号記号）で綴られた日記にただ一回だけ記されていることである。フランシスに対する彼の愛の言葉と彼らが一緒に寝たことが併記されているのが印象的である。（『ウィトゲンシュタイン』）

ウィトゲンシュタインがどれほどの数の男性と、またどれほどの回数の肉体関係をもったかはわからない。だが、ここで書かれていることが事実だとすれば、筆者の見解を全面的に撤回する必要はないであろう。一言でいうと、「ウィトゲンシュタインは自分の欲望を宗教の力によって統制したがっていた」、「ある種の信仰心ゆえ、肉体関係をもったことを後悔した」という推測は依然として成立すると思われる。

第七章　ウィトゲンシュタインの宗教観

本章においては、四つのテーマを取り上げるが、これら（とくに第一節と第二節）はすでに議論したことがらの理解を助けるものである。ウィトゲンシュタインは厖大な遺稿をのこしたが、その思索の根底には共通のものが潜在していることが読み取れるであろう。

一　「絶対的価値」と「相対的価値」

一九二九年から三〇年ごろに執筆された「倫理学講話」と呼ばれる「倫理（学）について」という講演の原稿がある。これは倫理（学）について書かれたまとまりのあるものとしては、現在刊行されている唯一のものであり、貴重な資料である。ここでは、『論考』での「事実」と「価値」を峻別する考察が、「相対的価値」と「絶対的価値」という対比のもとに述べられている。

ウィトゲンシュタインは、ことばの意味には「相対的」意味と、「倫理的」あるいは「絶対的」意味があるという。たとえば、「これはよい椅子である」というとすれば、その意味は、その椅子が坐りやすさなど「特定のあらかじめ決まった目的に役立つ」ということである。同様に、「これは正しい道である」といえば、それがある目的地との関係で正しい道である、つまり「もっとも早く目的地に着くことのできる道である」ということである。さらに例をあげれば、「カール・ルイスは優れたスプリンターだ」は、「カール・ルイスは百メートルを九・九秒で走ることができる」と書きなおすことができる。「よい」「正しい」ということばがこのように使用されれば、なんら困難な問題は起こらない。つまり、相対的な価値判断の場合は、いずれもたんなる事実の叙述にすぎず、価値判断としての外見を完全になくしてしまうように書き換えられるのだ。ウィトゲンシュタインが主張するのは、相対的価値判断はすべてたんなる事実の叙述に過ぎず、「事実の叙述はどれも絶対的価値の判断ではありえないか、あるいはそれを含むことができない」ということである。

ウィトゲンシュタインはこの主張を、次のようなやり方で展開する。もし誰かが全知の人間であり、この世界のすべての生物および無生物のあらゆる動きを知っており、この世界に住まう人間のあらゆる精神状態をも知っていると仮定して、この人が自分の知っていることの全部を大きな一冊の本に書いたと仮定する。するとこの本は、世界の完全な記述を含むことになる。しかしながら、ウィトゲンシュタインは「この書物はわれわれが倫理的判断と呼ぶと思われるもの、あるいは何かこのような判断を論理的に含むと思われるものは一切ふくまないだろう」と述べる。もちろん、それは、相対的価値判断、科学的に真である命題、主張しうる真なる命題、そういったもののすべてを含んでいるであろう。しかし、「記述された事実はすべて、いわば同一次元にあることになるだろうし、全命題も同一次元上にある」ことになる。すなわち、「なんらかの絶対的な意味で、崇高な、あるいは重要な」命題はこの書物のなかには一切存在しないことになる。

「あらゆる精神状態」ということばのなかには「善悪」という価値判断にかかわる事柄が含まれているのではないか、という疑問が湧くかもしれない。しかしながら、これが「記述可能な事実である」ことを意味しているかぎりでは、いかなる意味においても「善でも悪でもない」ということになる。たとえば、さきの書物に殺人にかかわる記述があり、物理的・心理的にその詳細を書きつくしているのを読んだとしても、これらの事実の記述には「倫理的」命題とよびうるものは含まれていない。殺人はなにか他のできごと、たとえば落石、空模様の変化、けさの朝食などとまったく同じ次元にあることになる。たしかに、殺人についての記述をよめば、われわれの心のなかには憤激・同情・苦痛などがひきおこされるかも知れない。あるいはまた、他人がこのことについて聞きおよべば、その憤激・同情・苦痛を知ることはできるだろう。しかし、ウィトゲンシュタインの主張では、こうしたことはたんなる事実でしかない。「存在するのはただ事実、事実だけであり、倫理ではない」、「その主題が本質的に崇高であり、他のあらゆる主題を超えることができると思われるような科学の本を書くことはできない」。科学で使用されることばや事実を表現することばは、「自然的意味と意義」のみを含み、これを伝えることができるだけである。これに対して、倫理は「超自然的」なものである。

さらに、ウィトゲンシュタインは「すべての倫理的・宗教的表現には、一貫してわれわれの言語使用に関するある種の特有な誤用がある」と論じる。すなわち、これらの表現はすべて「直喩」か「諷喩」にすぎないというのだ。たとえば、「彼はよい人間だ」という場合、「よい」ということばは、「彼はよい百メートル走者だ」という相対的価値を表現する「よい」とは違う意味で用いられているが、そこには何らかの類似がある。また、「この男の一生は価値あるものであった」という場合、値打ちのある宝石について語る場合と同じ意味で「価値がある」といおうとしているのでないことは確かであるが、やはり、ここにはある種の類似がある。そこでウィトゲンシュタインは、「すべての宗教的なことばは、この意味で、直喩あるいは諷喩として使用されている」と断じる。

われわれが神について語り、神は万事をみそなわすというとき、あるいは神に祈るときのことなどを考えてみれば、われわれの言動はすべて、神を偉大な力を備えた人間として描きだす、壮大で念の入った諷喩の一部である。ウィトゲンシュタインはそのように解釈する。たとえば、「世界の存在に驚きの念をもつ」という経験は「神がこの世を創造したもうた」という場合をさして、また、「絶対に安全である」という経験は「われわれは神の御手のなかにあるとき安全だと感じる」という場合をさして、さらに、「罪悪感をもつ」という経験は「神はわれわれの行為を認めたまわず」という場合をさしていわれるものである。こうしてウィトゲンシュタインは、「倫理的・宗教的言語においては、われわれは絶えず直喩（あるいは諷喩）を使用している」と断言し、次のように論じる。

しかし、直喩は何かの直喩でなければなりません。そして、私がある事実を直喩で記述できる以上、直喩をやめて、それなしでその事実を記述することもできなければなりません。われわれが問題にしている場合には、直喩をやめてたんにその背後にある事実を述べようとするや否や、このような事実はないことに気がつきます。そこで、最初は直喩と見えたものがいまやたんなる無意味にすぎないように思われます。さて、私が列挙した三つの経験は……それらを経験した者、たとえば私自身にとっては、ある意味で内在的で絶対的な価値をもつと考えられます。しかし、それらは経験であると私が言うとき、間違いなくそれらは事実であります。それらは、その時その場で起こり、ある一定時間つづいたのであり、したがって記述可能です。そこで、すこし前に述べたことから、それに絶対的価値があるということは無意味である、と認めざるをえません。(「講話」)

われわれが考えうるいかなる記述も、ウィトゲンシュタインのいう「絶対的価値」の記述には役立たない。すなわち、絶対的価値・倫理的価値を表現するには、無意味なのだ。こうした無意味な表現は、われわれがいまだに正しい表現方法を見いだしていないから無意味なのではない。それらの無意味さこそがその本質だからである。なぜなら、それらの表現を使用するということは、「ただ、世界を超えてゆくこと、そしてとりもなおさず意味のある言語を超えてゆくことに他ならない」からである。この講話は、次のようなことばでしめくくられる。

私の全傾向、そして私の信じるところでは、およそ倫理とか宗教について書き、あるいは語ろうとしたすべての人の傾向は、言語の限界に向かって進むということでした。

このように、われわれの〔言語という〕獄舎の壁に向かって走るということは、まったく、そして絶対に望みのないことです。倫理学が、人生の究極的意味・絶対的善・絶対的に価値あるものについて、何かを語ろうとする欲求から生じるものである限り、それは科学ではありえません。それが語ることはいかなる意味においてもわれわれの知識を増やすものではありません。しかし、それは人間の精神に潜む傾向をしるした証拠であり、私は個人的にはこの傾向にふかく敬意をはらわざるをえませんし、また、生涯にわたってこれを嘲るつもりはありません。(「講話」)

ここでは、『論考』と同じ結論が述べられている。宗教や倫理について語ることは「世界を超えてゆくこと」、「意味のある言語を超えてゆくこと」であり、これは「言語の限界に向かって進むこと」、「〔言語という〕獄舎の壁に向かって走ること」である。これは「絶対に望みのないこと」である。しかし、その一方で、これは「人間の精神に潜む傾向」であり、ウィトゲンシュタインはこれに「ふかく敬意をはらわざるをえない」、「これを嘲るつもりはない」と語っている。彼自身のうちにも、こうした傾向が根強く潜んでいたのだ。これはいったいどういうことなのだろう。この問題は「宗教者ウィトゲンシュタイン」にとって極めて重要な問題であり、これについては、終章で論じたい。

二　「証拠」の拒否と、生活を「統制する」ものとしての宗教

ウィトゲンシュタインは「〈神の存在〉を示すものは、ヴィジョンとか、その他の感覚的な経験などではなく、むしろたとえば、さまざまな苦しみなのである」と述べている。そして、その苦しみが人々に神の存在を告げる方法というのは、感覚的印象がひとつの対象を告げるようなものではない。また、苦しみによって人々が神の存在を推測するようになるのでもない。「実際の生活がわれわれに神の概念を押しつけてくるのだ」と彼は語る。ウィトゲンシュタインにとって、宗教・信仰は、学問・科学とはまったく関係ないものである。信仰とは、「思弁的な悟性」「抽象的な精神」が必要とするものではなく、「心」「情念」「胸」が必要とするものであると、彼は強く感じていた。

私がほんとうに救われる運命にあるとすれば、――私は確かさを必要とはするが――知識・夢・思弁は必要ではない。……信仰とは、私の胸、私の心が必要とするものを信じることであって、私の思弁する悟性が必要とするものを信じることではない。というのも、救われなければならないのは、私の心と、その情念――いわば心の血と肉――のほうであって、私の抽象的な精神ではないのだから。（一九三七年、『断章』）

また、「宗教的信念についての講義」のなかで述べているように、誰かが人生の導きとして最後の審判を信じていれば、何をするときでもこれが彼の心のなかにある。しかしながら、ウィトゲンシュタインは、その人に最後の審判が行なわれることを信じるための根拠をたずねても、充分な回答は得られないと考える。肝腎な点は、「彼には揺るぎない信念がある」ということである。それは、推論とか、信念の日常的な根拠に訴えることとかによってではなく、「生活の一切を統制する」ことによって示されるのだ。

「証拠」といえば、「キリスト教は歴史的基盤の上に成り立っている」としばしばいわれる。だが、ウィトゲンシュタインによれば、この場合には、たとえナポレオンが実在したという場合と同じくらいの〈歴史的〉証拠があるとしても、充分ではない。なぜなら、「講義」で論じられるように、「疑いの余地がないだけでは、私の生活を変えさせるのに充分ではない」からである。宗教的信念は通常の意味でいわれる歴史的な証拠に依存しているのではないのだ。ウィトゲンシュタインは「信仰をもった人々は、通常抱くような疑いをいかなる歴史的命題にもかけなかった」という。逆にいうと、かりに信仰をもった人が歴史的命題に疑いをもつようになっても、それが信仰の揺らぎ／放棄に直結するというわけではない、といいたいのだろう。歴史的証拠を根拠とするような信仰は、ウィトゲンシュタインにとって、本物の信仰ではないのである。いずれにせよ、信仰をすでにもっていて、これを歴史的証拠によって基礎づけるなどということは、彼にとっては、愚の骨頂でしかないのだ（第二章第二節参照）。

これと同様のことが『断章』でも語られている。

福音書に書かれている歴史的な報告は、歴史的にみれば、間違っていると証明できるような報告なのだが、だからといってそのために、信仰がゆらぐわけではない。これは、とても奇妙に感じられるかもしれない。ともかく信仰というものは、たとえば「理性による普遍的真理」にもとづいているわけではない。むしろ、歴史的な証明（歴史的な証明ゲーム）は、信仰とはまったく無関係なのである。（福音書という）メッセージは、人間が、信仰によって（つまり愛によって）つかまえるものなのだ。ほかのなにものでもなく、それこそが、福音書を正しいとみなすことの保証になっているのである。

信仰者は、福音書の物語にかんして、歴史上の真理（確からしさ）を求めるのでもなければ、「理性による真理」という説にたよるのでもない。ともかく信仰の真理というものがあるのだ。（一九三七年、『断章』）

信仰にとっては「証拠」が問題なのではない。ウィトゲンシュタインは、次に示すように、人間が苦しみながら生きていることのうちに、宗教の存在理由を見出している。

キリスト教という宗教は、無限の助けを必要としている人にとってのみ、存在する。いいかえれば、無限の苦しみを感じている人にとってのみ、存在している。地球全体の苦しみは、ひとりの人間の魂の苦しみより、大きくはならない。キリスト教の信仰とは――私の見るところ――人間がこういう最高の苦しみのなかへ逃げ込むことなのだ。

こういう苦しみのなかで、自分の心をすぼめるかわりに、開くことのできる人は、治療薬を心のなかにとりいれる。(一九四四年ころ、『断章』)

また、ウィトゲンシュタインがいみじくも述べているように、「人生は、尾根を走る一本の道に似ている。右にも左にも、ツルツルした斜面があるから、こっちの方向をとっても、あっちの方向をとっても、すべり落ちてしまう」(一九四七年、『断章』)。だれしも、不安定な人生の行路を歩んでいくとき、その歩むべき方向をはっきりと示してくれるものが欲しくなる。それを教えてくれるものが宗教・信仰であろう。ウィトゲンシュタインは次のように語っている。

宗教の信仰とは、あるひとつの座標体系を情熱的に受け入れる、といったことにすぎないように思われる。つまり、信仰にすぎないのだが、それはひとつの生き方、ひとつの生の判断の仕方なのである。そういう見方を情熱的に引き受けることなのだ。

（一九四七年、『断章』）

このことは、ウィトゲンシュタインが最初に宗教の可能性を知ったときのエピソードと呼応する。マルコムが『思い出』においていうところでは、ウィトゲンシュタインは「自分は若いときには宗教を軽蔑していたが、二十一歳のころ、あるできごとが自分に変化をもたらした」と語った。そのできごととは、ウィーンで芝居を観たときのことで、芝居そのものはありきたりのものだったが、その中の登場人物の一人が「この世に何が起ころうとも、自分は困らない」という考えを述べるところがあった。つまり、この人物は運命や環境に依存していない。ウィトゲンシュタインは「このストイックな考え方に打たれ、このとき初めて宗教の可能性を悟った」という。なぜそうなったのかは、マルコムの語っている範囲ではわからない。けれども、「自分の周囲がいかなる状態にあっても、それに左右されずに、自分のやるべきことや使命を迷わずまっとうする」という彼の信条と関係があるのは間違いない。ウィトゲンシュタインは、第一次大戦のさなかですら『草稿』を書きつづけることによって周到な思索を展開したし、命を縮めることになっても哲学をしつづけるべきだという信念をもっていた。さらにつけ加えれば、こうした考え方は、ドゥルーリーに語ったことばにも象徴されている。ともに歩きながら話しているとき、ウィトゲンシュタインは「真に宗教的な人間にとって、悲劇的なものは何もない」と語ったのである。

こうした「生を統制する」側面と関連して、宗教は「生活を変える」という側面ももつ。ウィトゲンシュタインは「懺悔は新生活の一部であるに違いない」ということばを記しているが、これは懺悔をすることによって、それまでの自分とは訣別し、新しい自分の生が始まることを意味している。また、「人生が耐えがたくなったとき、われわれは〔周りの〕状況が変化することを期待する。だが、いちばん大切でいちばん効果的な変化、つまり自分自身の態度を変えることには、ほとんど思いいたらない。そういう決心をすることは、むずかしい」。自分の生を変えること、これはウィトゲンシュタインの思い描く宗教の重要な機能である。『秘密の日記』や『哲学宗教日記』のなかにもこれに類することばが散見するが、『断章』からも引いておこう。

キリスト教は、とりわけ次のようなことを言っているように思われる。「よい教えはすべて、なんの役にもたたない」。「君たちは暮らしぶり（あるいは、暮らしの方向）を変えなければならない」。（一九四六年、『断章』）

キリスト教の場合、われわれは何かに心を摑まえられ、方向転換しなければならない。……方向転換したなら、そのままの方向をとり続けなければならない。（一九四六年、『断章』）

ウィトゲンシュタインは、「宗教はこれまでの生をさらに善いものにするものだ」、「宗教はこれまでの悪しき生から善き生への転換をもたらしてくれるものだ」といいたいのだろう。これは彼自身の生活を反映している（第六章第二節参照）。彼はことあるごとに、「自分は根本的に変わらなければならない」と知人に語っている。たとえば、精神の不安定な状態を示唆するようにも解釈できるが、第一次大戦が勃発するまえにラッセルに次のように書き送っている。

現在、私は毎日毎日が別の人間です。今日の私は、自分の中で全てがあまりに強烈に荒れ狂っているので、自分は気が狂うであろうと確信し、そして翌日の私は再び全く意気消沈している、といった具合です。しかし、私の魂の底には、間歇泉の底におけるように、絶えずふつふつと煮えたぎっているものがあります。そして、私は今も、ついにある決定的な噴出が生じることを、待ち望んでいるのです。そうすれば私は、今とは別の人間になることができるでしょう。（傍点引用者、一九一四年六月または七月）。

以上のようなことについて、ドゥルーリーは「自分の生活の仕方のすべてを変えようという、常にもちつづけたウィトゲンシュタインの意志にたいして同情や理解を感じないとすれば、彼を理解することはできない。これは明らかである」（『対話』）と論じている。筆者はこれこそが「人間」ウィトゲンシュタインを理解する鍵の一つだと信じている。

『秘密の日記』においても『哲学宗教日記』においても、「現在の自分をより善い自分に変えたい」という彼の願望は一貫しているのである。

ウィトゲンシュタインにとって、人生とは「尾根を走る一本の道」のようなものである。左右に滑る傾斜があって、どちらの方向をとってもどうしようもなく滑り落ちてしまう。また、人は何度もつまずいて倒れる。「なすべきことはただ一つ、起き上がること、そして、頑張ってまた歩き続けること」である。このような人生の行路を歩んでいくさいの指針となるべきものが、宗教の信仰である。

本節でみたような、人間の生活を統制すること／変えることが宗教にとって本質的なことであるとする見解は、ウィトゲンシュタインにおいては、宗教の制度的・儀式的側面に対して批判的な態度をとることになって現われる。

三　制度としての宗教の批判

第二章で、「トルストイの目をもって見られたキリストは、ウィトゲンシュタインにその博愛という命令と共に、長い間求めてきた道をも示した。その道とは、学問とか制度化された教会の向こう側にあって、質素な生活を通して全体の幸福を可能にするはずのものであった」というヴフタールとヒュープナーのことばを引用した。この点を具体的にウィトゲンシュタインのことばのなかに探し、彼が「制度としての宗教」や「教義」を否定的にとらえていたことを紹介しよう。

儀式的なもの（いわば大祭司的なもの）は、すべて、きびしく避けなければならない。その種のものは、すぐに腐りはじめるからだ。（一九三〇年、『断章』）

ドゥルーリーによれば、ウィトゲンシュタインはあるとき彼に、「未来の宗教は司祭や牧師がいない宗教になるだろう」とか、「われわれは、教会に所属しているという慰めなしに生きることを学ばねばならない」と語った。またあるときには、「君の宗教は君と神のみの間の問題だ、これを肝に命じよ」と忠告した。

このように語るウィトゲンシュタインは、パウロをきびしく批判する。それはおそらく、パウロが「支配者への従順」を説くことと関係があると思われる。パウロは「ローマの信徒への手紙」のなかで、次のように語っている。

人は皆、上に立つ権威者に従うべきです。神に由来しない権威はなく、今ある権威はすべて神によって立てられたものだからです。したがって、権威に逆らう者は、神の定めに背くことになり、背く者はわが身に裁きを招くでしょう。……権威者は、あなたに善を行なわせるための神の奉仕者なのです。……貢ぎを納めるべき人には貢ぎを

> 納め、税を納めるべき人には税を払い、恐るべき人は恐れ、敬うべき人は敬いなさい。

ウィトゲンシュタインは、パウロをきびしく糾弾する。

> 福音書ではおだやかに透明にあふれている泉が、パウロの手紙では、泡立っているように思われる。すくなくとも私には、そう思われる。（一九三七年、『断章』）
>
> 福音書では……すべてがもっと質素で、つつましく、単純である。福音書にあるのは小屋だ。〔これに対して、〕パウロの手紙には教会がある。福音書では、人間はみな平等で、神自身も人間だ。〔しかし、〕パウロの手紙では、ある種のヒエラルキーがすでに存在している。名誉、位階、官職。（一九三七年、『断章』）

こうしたことばのなかに、ウィトゲンシュタインの徹底した制度に対する嫌悪や批判を読み取ることができる。

さらに彼は、キリスト教の制度化と深い関係にある「教義」「ドグマ」「神学」を批判する。ウィトゲンシュタインは、「宗教性〔信仰の深さ〕の段階に応じて、それぞれにふさわしい表現があるに違いない」ことを認めつつも、「パウロの〈救いの予定説〉は、私の段階においては、非宗教性そのものであり、不愉快なナンセンスである。だから、パウロの教義は私向きではない」と語っている。

また、「ドグマ」については、次のように論じている。

ドグマは、意見を決定するのではなく、すべての意見の表現を完全に支配するものである。人々は、だれの目にも明らかで絶対的な圧政のもとに暮らすことになるだろうが、だからといって「自分たちは自由ではない」と声をあげることはできない。カトリック教会は、どこかこれに似たようなことをやっているように、私には思われる。……ドグマは、意見を制御する壁ではなく、むしろそれは、実際には壁と同じはたらきをするブレーキに似ている。いわば、運動の自由を制限するために、人々の足に錘がつけられたようなものである。そのおかげで、ドグマは反論も攻撃もされないものとなる。（一九三七年、『断章』）

「ドグマ」といえば、『チャーチ・ドグマティックス（教会教義学）』なる大著を著わした神学者カール・バルトの著作に『神のことばと人のことば』がある。ドゥルーリーはこれを、一九三〇年にウィトゲンシュタインに読んできかせた。しかしいくらも読み進まないうちに、ウィトゲンシュタインは次のように語ったという――「もう聴きたくない！　唯一の印象は、〔バルトは〕まったく傲慢だ、ということだ！」（「対話」）。また、晩年には「カール・バルト」と明記して、以下のようにも語っている。

ある種のことばやフレーズを強要して、ほかの表現をすべて追放してしまうような神学によっては、なにも明らかにはならない（〔たとえば〕カール・バルト〔の神学〕）。

そういう神学はなにかを言いたいのだけれども、表現のすべがわからないために、いわばことばを振り回しているのだ。実際の行動が、ことばに意味を与える。(一九五〇年、『断章』)

「宗教のことばは本質的なものではない、宗教による生活の統制が肝腎な点である」というこれまで論じてきた主張とともに、本節で引用したウィトゲンシュタインのことばには、「ドグマ批判」「バルト批判」「神学批判」が読みとれる。

また、『確実性の問題』には、「われわれの語ることばは、それ以外の行動によって意味を与えられる」という記述が、『断章』には、「ある人の書いたものが偉大であるかどうかは……その人の行動すべてによって、決定される」という記述がみられる。自分の哲学を自分自身で生きたウィトゲンシュタインにとっては、書かれたものや語られたことは、その書き手や話し手の実際の行動/生き方と密接な関係があるのだ。

ただし、最後につけ加えておくと、ドゥルーリーの「ウィトゲンシュタインとの対話」を丹念に読んでいくと、晩年のウィトゲンシュタインは、パウロを批判したことを後悔している。また一九四〇年ころには、バルトのある著作を読んでいた彼は、「この著作は瞠目すべき宗教体験から生まれたにちがいない」とドゥルーリーに書き送ったりしている。

しかし、生涯にわたって宗教的なことがらにたいする発言を拾っていけば、ウィトゲンシュタインが「制度としての宗教」「教会によって押しつけられたドグマ」に対して、極めて批判的であったことに疑いはない。

四　寛容の精神

ウィトゲンシュタインとパスカルは、二人とも宗教に対して積極的な意味を与えており、護教的な立場にたつ。この点では共通している。しかし、ある一点ではまったく正反対である。すなわち、ウィトゲンシュタインの宗教観が「寛容さ」をもっているのに対して、パスカルの宗教観は「排他性」をもっているのだ。というのは、パスカルにとってただ一つの本当の宗教とはキリスト教であり、ただ一つのキリスト教のあり方とはカトリック信仰であり、ただ一つのカトリック信仰の表現とはポール＝ロワイヤル（修道院）だからである。パスカルにとっては、ポール＝ロワイヤル以外の宗教はどれもこれに比肩できない。対照的に、ウィトゲンシュタインはキリスト教以外の宗教に寛容である。

このことは、『金枝篇』（世界各地の呪術と宗教制度を比較研究し、その起源や進化を追求した大著）を著わした文化人類学者、フレーザーに対する痛烈な批判にみられる。一九三一年ごろ、ウィトゲンシュタインはドゥルーリーに、フレーザーの『金枝篇』をユニオン・

ライブラリーから借りて自分に読んでくれるように、頼んだという。ドゥルーリーの証言では、彼はとくに、フレーザーのように「原始的な儀礼は科学的な誤りに似ている」とみなすのは間違っている、と強調していた。そして、「あらゆる宗教は素晴らしい。たとえそれが、もっとも原始的な部族の宗教であっても」と語っていた。

ウィトゲンシュタインは、『金枝篇』についての評言を書き込んだノート「フレーザー『金枝篇』について」で、彼の「西洋文明至上主義」ともいうべき偏見をきびしく糾弾している。

フレーザーの精神生活はなんと狭いことか。その当然の帰結として、彼は同時代のイギリス人とは違った生き方が理解できないのだが、それがなんと甚だしいことか。フレーザーは、まったく愚かで無気力な、現代のイギリス教区牧師とは根本的に違う祭司を、心に描くことができないのだ。(「フレーザー」)

フレーザーの記述では、原始社会における王や祭司は、しばしば超自然的な力を付与されている、あるいは神の化身であるとされている。たとえば、雨を降らせたり風を吹かせたりする能力があり、自然の運行は多かれ少なかれ彼の支配下におかれている、と考えられている。フレーザーはこうした原始社会に生きる人々の考え方に批判的なのであるが、ウィトゲンシュタインは彼の記述を読んでこう述べている。

この場合、無意味なのは次の点である。つまり、フレーザーは、原始社会の人々は自然の運行に関して完全に間違った（それどころか狂気の）イメージを抱いているかのように記述しているが、彼らは自然現象についての注目すべきひとつの解釈をもっているに過ぎない、ということである。すなわち、彼らの自然についての知識は、彼らがそれを文章に記せば、われわれのものと根本的には区別されないであろう。（「フレーザー」）

ウィトゲンシュタインは「自然現象についての注目すべきひとつの解釈」ということばを使用しており、原始社会の人々と現代西洋人の自然についての知識は「根本的には区別されない」と明言している。

フレーザーの『金枝篇』は一八九〇年から出版され始めたが、彼をはじめとする当時の人類学者たちは、キリスト教以外の宗教を調査することによって、「最終的にはキリスト教がもっとも優れた宗教である」と主張したかったのであり、「西洋文明が最もすぐれている」と断言したかったのである。だから、ウィトゲンシュタインのフレーザー批判の鋒先は、彼個人に対してだけでなく、彼と同時代の文化人類学者にも向けられているとみなしてよい。

ところで、今日の学界では昔日ほど信奉されてはいないが、フレーザーの代表的な業績の一つに「神なる王の殺害」の研究がある。彼は、多くの古代文明に共通して見いだされる定期的に王権を更新する祭式のうちに、王を一定の統治期間のあとに殺害した儀式の痕跡が認められるとした。『金枝篇』で展開された学説によれば、人界と自然界の秩序の維持者としての王の機能は、肉体的にも一点の欠点もない君主によってのみ、十全に遂行されうる。したがって、現に在位する王が老衰したり、健康でなくなったりすれば、その影響はただちに自然界にも及んで、国土は不毛となり、国民は飢餓に苦しまざるをえない。それゆえ、このような事態を予防するために、かつて王は、肉体的な衰えの兆しがみえるとただちに殺されねばならない運命にあった。このような例が世界各地でみられたのである。また、多くの民族は王の衰えをまたずに、一定の在位期間――もっとも短い場合にはわずか一日――の後に王を殺害して交代させることによって、つねに健康で精力旺盛な君主を戴くようにしていたというのである。（吉田敦彦「王」（『宗教学辞典』東京大学出版会、所収）参照）。

現代ではとうてい受け入れることができないと思われる、こうした社会現象ですらも、ウィトゲンシュタインは容認しているようにみうけられる。

たとえば、祭司王の殺害といった慣習を説明しようというアイデアが、すでに間違っているように私には思われる。フレーザーが行なっていることは、ただ彼と非常によく似た考えの人間に、自分の考えを首肯させることにすぎない。これらの慣習がすべて、結局はいわば愚行として述べられていることは、きわめて注目に値する。（「フレーザー」）

われわれにとっては認めがたい習慣でも、「愚行」とみなしてはならない、とウィトゲンシュタインはいいたいのである。

最終的に、原始民族の風習や宗教について先駆的研究をおこなった、フレーザーに対するウィトゲンシュタインの評価は、次のようなものである。

人間の呪術観、宗教観についてのフレーザーの叙述は不満足なものである。それは、これらの見方を錯誤であるかのように思わせる。

フレーザーの方が、彼の問題にしている大多数の野蛮人よりもはるかに野蛮である。なぜなら、彼らは二十世紀の一人のイギリス人ほど、精神の問題にひどく無理解ではないからである。原始的慣習にたいする彼の説明の方が、この慣習の意義自体よりははるかに粗野である。（「フレーザー」）

これに類似した見解は晩年の『確実性の問題』にも現われる。

彼ら〔物理学の命題にしたがって自分の行動を律しない原始社会の人々〕は物理学者の見解を尋ねるかわりに、神託に問うようなことをするのである（だから、われわれは彼らを原始社会の人々とみなす）。彼らが神託を仰ぎ、それに従って行動することは誤りなのか。これを「誤り」と呼ぶとき、われわれは自分たちの言語ゲームを拠点として、そこから彼らのゲームを攻撃しているのではないか。（『確実性』第六〇九節）では、われわれが彼らの言語ゲームを攻撃することは正しいか、それとも誤りか。〔誤りであろう。〕（『確実性』第六一〇節）

言語ゲームは、いかなる生活を営むかという「生活形式」と表裏一体の関係にあるものとして捉えることができるが、原始社会の人々と現代西洋人の生活形式とは異なるがゆえに、当然言語ゲームも異なる。それゆえ、ウィトゲンシュタインがいわんとしていることは、現代の西洋の人々と原始社会の人々とはまったく異なった言語ゲームを営んでいるのであって、西洋人の視点からなされる原始社会の人々への批判は批判としては成立しえない、ということである。

「原始社会は宗教的儀式や制度であふれているではないか。だとすれば、これは前節で述べたウィトゲンシュタインの主張と矛盾するのではないか」。そう批判する読者がおられるかもしれない。しかしながら、ここで注目すべきは、やはり「寛容の精神」である。このことも、彼がユダヤの血をひいていたことと関係があるかもしれない。A・ヴォルフの『スピノザ書簡集』の「序文」には、次のように書かれている。

キリスト教国の思想家たちは、他の宗教や世界の他の指導原理とはほとんど没交渉であった。……このように他のものを体験していない結果として、一般に、キリスト教的世界観はそのまま当然真理であるかのように考えられている。（ドイッチャー、前掲書、所収）

世界中に散らばって住んでいたユダヤ人は、みなそれぞれの社会のなかで生活していると同時に、「よそ者」であった。みなそれぞれの社会に属していながら、その社会には受け入れられなかった。ユダヤ人は文化的・宗教的・民族的に、いわば「境界線」上に立っている。ウィトゲンシュタインもそうしたユダヤ人の一人であり、宗教的境界線上に立つユダヤ人がほかの宗教に対して寛容にならざるを得ないことは、可能性として充分に考えられるのではないだろうか。

筆者は、十年ほどにわたり、「宗教間対話」という分野で仕事をした。現代のグローバル化した国際社会において、世界の諸宗教は宗教間対話や他宗教にたいする「寛容」を強調している。それは大変によいことである。しかしながら、諸宗教の長い（あるいは短い）歴史をふりかえってみても、また、現代における世界の諸宗教のことに思いをめぐらしてみても、宗教における「非寛容」「排他性」の問題は重要な問題だと感じる。おそらく、ウィトゲンシュタインの他宗教／他文化に対する「寛容の精神」の研究は、諸宗教の対話や共存に大きな意味をもつことになるだろう。

終章　自分が「神に対して」語ることと「神について」他人に語ること

一　ウィトゲンシュタインの「矛盾」

鬼界彰夫は「『論考』全体を一個の著述行為としてみるなら、それは沈黙律を唯一の教説とする公の宗教的行為に他ならないのである」（「隠された意味へ」）と述べた。「沈黙律」というのは、いうまでもなく、『論考』の最後にある「人は、語りえないものについては、沈黙しなければならない」のことである。だが、読者は気づいたであろう――『秘密の日記』と『哲学宗教日記』において、「神」や「霊」ということばが溢れんばかりに登場することに。これは矛盾ではないのか。

筆者は長いあいだ、この「矛盾」について納得できずに苦しんできた。だが、最初に『哲学宗教日記』を読んで十年ほどたってこれを再読したとき、この問題は（少なくとも筆者にとっては）氷解した。右のことに矛盾はまったくないのだ。終章ではこのことについて論じたい。

そのためには、ウィトゲンシュタインの「書き分け」について確認しておかなければならない。これは『草稿』と『秘密の日記』の場合そのものである。彼は、一冊の日記帳の右のページに哲学的・論理学的な考察を書き、左のページに自分の私的な事柄（神・霊などにかかわる事柄もふくめて）を書いたのであった。そして、前者は『論考』に結びつくものとして早くから公刊され、後者は長年にわたって隠しつづけられてきたのであった（第四章参照）。これと同様に、一冊の日記帳にではないが、『哲学探究』を書き始めたのとほぼ並行して、彼は『哲学宗教日記』も書き始めていたのであった（第五章参照）。一言でいうなら、基本的に、ウィトゲンシュタインは生涯にわたって、「公にされてもよい哲学的・論理学的な考察」と「公にすべきでない私的な事柄」とを書き分けていたのである。本書で頻繁に引用した資料、つまり、『秘密の日記』から『反哲学的断章』にいたるまでのほとんどすべての資料が、後者に属するものである（手紙や私的な対話なども後者に属する）。

さて、筆者は第四章の最後で以下のように論じた。

筆者は、六・五二二に、ウィトゲンシュタインの「心の揺れ」をみる思いがする。すなわち、哲学者としては「厳然たる事実として、語りえないものについて語ることはすべて無意味におちいる」と考えざるをえない。だが、一人の「宗教的人間」として、彼は「神秘的なもの〔神〕は自らを示す」と論じることにより、神をまったく世界の外に追いやることだけは避けたかったのではないか。神と「繋がる」可能性をなんらかの形で確保しておきたかったのではないか。筆者はここに、「哲学者」としての彼と「宗教者」としての彼とが不思議なかたちで同居していることをみるのである。ただし、その同居は緊張感を伴うものであったろう。

これも一種の「矛盾」といえば「矛盾」である。

さらに、ウィトゲンシュタイン自身から、もうひとつの「矛盾」の例をあげよう。それは、第七章でも紹介した「倫理（学）について」という講演（「倫理学講話」）である。再度、引用する。

私の全傾向、そして私の信じるところでは、およそ倫理とか宗教について書き、あるいは語ろうとしたすべての人の傾向は、言語の限界に向かって進むということでした。このように、われわれの〔言語という〕獄舎の壁に向かって走るということは、まったく、そして絶対に望みのないことです。倫理学が、人生の究極的意味・絶対的善・絶対的に価値あるものについて、何かを語ろうとする欲求から生じるものである限り、それは科学ではありえません。それが語ることはいかなる意味においてもわれわれの知識を増やすものではありません。しかし、それは人間の精神に潜む傾向をしるした証拠であり、私は個人的にはこの傾向にふかく敬意をはらわざるをえませんし、また、生涯にわたってこれを嘲るつもりはありません。

引用の大半は『論考』の主張と同じ内容であり、「語りえないもの」について語ることは「まったく絶対に望みのない」ことであるという。しかしながら、締め括りの文章では、矛盾的に、「この傾向にふかく敬意をはらわざるをえない」という。これが問題である。「望みのないこと」を行なうのは、たんに愚かなことにすぎないのではないか。そして、この「矛盾」はウィトゲンシュタイン自身にあてはまるのだ。この「矛盾」をどのように解釈すればよいのであろうか。

二　「矛盾」を解く鍵

右のような「矛盾」を解く鍵が、『哲学宗教日記』のなかにある。『哲学宗教日記』の中に、ウィトゲンシュタインの「公的な」哲学と「私的な」宗教とを結びつける、決定的に重要な言葉が二つある。それは、厳冬期の一九三七年二月一五日と翌一六日に、ショルデンの例の「小屋」で書かれた以下のことばである。

これらの〔宗教的〕像や〔宗教的〕表現は、むしろ生のある高い領域においてのみ、その生命を保持するのである。この領域においてのみ、それらを正しく使うことができるのである。本当のところ、私にできるのは、「語りえぬ」といったことを意味する仕草をし、何も語らないことだけだろう（Ich könnte eigentlich nur eine Geste machen, die etwas Ähnliches heißt wie "unsagbar", & nichts sagen）。（点線・傍線原著者、一二月一五日）

この言葉は、『論考』の出版から十五年余りたっても、ウィトゲンシュタインは当時と同様の公の見解を抱いていることを示している――「私にできるのは、〈語りえぬ〉ことについては、何も語らないことだけだろう」と。

右の矛盾を解く決定的な鍵こそが、次の言葉である。

神に〔向かって自分が直接に〕語りかけることと、神について他人に語ることは違う（Es ist ein Ding zu Gott zu reden & ein anderes, von Gott zu Anderen zu reden）。（一二月一六日、傍点引用者）

※直訳すると「神に語りかけることは一つのことであり、神について他人に語るのはもう一つのことである」となる。

ウィトゲンシュタインが『論考』で禁じているのは、語りえない「神」に「ついて

(von)」語ることである。『論考』の「語りえないもの」を直訳すれば、「それについて語ることのできないところのもの」(Wovon man nicht sprechen kann) となる——"Wovon"の"von"に注意。

ウィトゲンシュタイン自身によるこの区別——「神に語りかけることと、神について他人に語ること」との区別——は決定的に重要である。「神に語りかけること」と「神について他人に語ること」とがまったく別のことであり、たとえ「神について他人に語ること」が許されないとしても、「神に(自分が)語りかけること」は許されることになる。『哲学宗教日記』において、ウィトゲンシュタインは「単独者」として神に語りかけていることはあっても、神について/神の属性について他者に向かって話したり書いたりしているわけではない。これは『秘密の日記』においても同様である。『論考』が完成される以前においても以後においても、彼は神に向かって語りかける/祈ることが頻繁にあっても、神について/神の属性について述べているところは、管見の限り、(ほとんど)ないのだ。解釈の仕様によっては、『論考』の最後でも、「単独者」として人が神に向かって自ら語りかけることを禁じているのではない、といえるのである。

『哲学宗教日記』において、ウィトゲンシュタインはたとえば次のように神に語りかけている。

神よ！　私をあなたと次のような関係に入らせてください！　そこでは私が「自分の仕事において楽しくなれる」という関係に！　……〔神よ！〕私の理性を純粋で穢れなきように保たせてください！（一九三七年二月一六日）

孤独を求めてノルウェーに来たことを神に感謝します！（同二月二〇日）

これらは、神の属性について第三者に述べている言葉ではなく、「神への語りかけ」（請願／嘆願／感謝）である。これらは、シュッツ＝星川流にいえば、「日常生活世界という意味領域において、宗教的な意味領域を構成する言語行為」（星川／シュタウディグル「シュッツ現象学による〈祈り〉の分析」二〇一七年（拙著『宗教哲学論考』所収）参照）であり、鬼界の表現をもちいれば、神との「特別の関係に入る〔言語〕行為」（『ウィトゲンシュタインはこう考えた』）である。

ウィトゲンシュタインの二つの『日記』における神についての言及の多くは、神に対する請願／嘆願／感謝など、「神への語りかけ」であり、「第三者に対する神の属性についての客観的記述」ではない。いいかえれば、彼は神に対して請願／嘆願／感謝などの主体的「言語行為」をおこなっているのだ。『日記』には世界の「創造者」としての神について語っている部分もあるが、基本的に神の属性記述はあまりみられない。もしも彼に「神は〈記述の束〉か、それとも〈固有名〉か」と尋ねたならば、「後者である」と答えるだろう。

そうだとすると、本人が意識していたか否かは別として、ウィトゲンシュタインは右で指摘した「矛盾」した行為——一方で公に、神について「沈黙」を命じておきながら、他方で私的に、神に向かって饒舌に語りかけていること——をしているのではないことになる。だからこそ、彼は、私的な文書（主として日記）では、神に対して積極的／衝動的に語りかけているのだ。

このように考えると、さきに引用した「倫理（学）について」という講演の最終部分の理解も深まるであろう。語ることが無意味である倫理や宗教、さらには「神の属性」について述べることは「言語の限界に向かって進む」ことであり、「まったく絶対に望みのない」ことである。だが、神に祈る／神に語りかけることは、許されることであり、「人間の精神に潜む傾向をしるした証拠」であり、ウィトゲンシュタイン自身も「この〈自分にも存在する〉傾向にふかく敬意をはらわざるをえない」のである。神に祈る／神に語りかけることは、決して無意味な行為ではないのであり、神との「特別の関係に入る行為」（鬼界）なのだ。

ウィトゲンシュタインは、人が他人に神に「ついて」語ること／神に「属性」を帰属させることは許さないとしても、人が自分自身で神に語りかけることは許すのである。このように解釈すれば、本章の冒頭で示した「矛盾」も納得できるであろう。

むすび

「哲学者」としてのウィトゲンシュタインは、体系的な著作を著わさなかった。しいて挙げるなら、『論理哲学論考』がそうした唯一の著作である（それでも「命題番号のふり方にはいろいろと問題がある」というのが専門家の見解である）。彼は哲学を体系的な理論や説明とはみなさず、「活動」や「行為」とみなした。こうした傾向は、「宗教者」としてのウィトゲンシュタインの場合も同じである。宗教についても、体系的理論や説明などは無意味であり、「宗教と人間の生き方とのかかわり」こそがもっとも枢要なことなのである。

本書をしめくくるにあたって、ウィトゲンシュタインの生涯と哲学における、三つのことがらについて述べておきたい。それは、(1)「護教的」側面と「実践的」側面、(2)徹底した「この世」的生死観、(3)彼の思索が現代社会にもつ意義、である。

(1)これまで論じてきたように、ウィトゲンシュタインの宗教観には多様な側面があるが、そのなかでも大局的にみて大切なのは、やはり「護教的」側面と「実践的」側面である。

護教的側面とは次のようなことだ。ウィトゲンシュタインは『論考』において、「人は、語りえないものについては、沈黙しなければならない」と結論し、また、フィッカーあての手紙では「私は『論考』において、今日多くの人々が駄弁を弄しているあらゆる事柄について沈黙し、このことにより、倫理的な事柄に確固たる位置を与えたことを信じています」と述べている。『論考』やこの手紙にもみられるように、語りうるものの限界、（カント的に述べるなら）人間の理性の限界を強調することによって宗教的なことがらを擁護しようとする側面、これが彼の護教的側面／否定神学的側面である。また実践的側面というのは、次のような点である。宗教や神的なものが語りうるものの範囲、理性で把捉しうるものの範囲を超出するなら、宗教の意義や本質が信者の実践や行動と結びついてくることは、一つの思索の流れとして、自然な流れであろう。これは、「宗教の本質は、生活を統制したり、生活をさらに善い方向に導いたりすることだ」という考え、「実際の行動がことばに意味を与える」という見解となって現われている。

(2)右のような実践的側面ともふかい関係があるが、ウィトゲンシュタインの人生観には徹底した「現世」志向がある。第一次世界大戦のさなか、論理学についての思索を展開して『草稿』を書きつづけた彼は、後年「たとえ寿命を縮めることがあっても、真理探究の騎士は突進しなければならない」という人生観を述べる。死の前年には、マルコム・に「私が生きつづける限り、そして私の精神状態がゆるす限り、私は哲学の問題について思索をめぐらし、それについて書こうとするだろう」と認め、死を目前にしたときには、ドゥルーリーに「私は長く生きられないことを知っているにもかかわらず、〈来世での生活〉を考えている自分を意識したことがない。……すべての関心は依然として、この世での生と、まだなしうる著述にある」と語った。五十七歳のときには、「英雄は死を直視する。たんなる死のイメージではなく、現実の死を直視する。危機にあたって高貴にふるまうということは……死そのものを直視できるということである」と書き記していることも思い出される。これは彼自身について述べたことばであろう。一言でいえば、ウィトゲンシュタインは「自分が生きている一瞬一瞬を充実させること」、「自らに与えられた生を現在のうちで燃焼し尽くすこと」を生の指針としたのである。

(3)現代は科学主義の時代、合理性追求の時代、何よりも効率を重んじる時代、あらゆるものを数値化する時代である。工学者・技術者としての才能にも恵まれていたウィトゲンシュタインは、『論考』などで徹底的な思索をめぐらし、科学や学問つまり理性や合理性でカバーしうる領域を明確にした。と同時に、科学主義・合理主義・効率主義・数値化主義では割り切れない領域、つまり「語りえない」ものの領域を確保した。彼は「学問・科学の問題に私は興味を覚えるが、本当に心をひかれるということはない」とも語ったのである。エンゲルマンが述べたように、彼が「さほど重要でもないものの境界を定めるのに非常な努力をしているとき、彼が細心すぎるほど精確に調べているのは、あの小島の海岸線ではなく、大海の境界なのである」。ウィトゲンシュタインがいいたかったのは、「科学主義・合理主義・効率主義・数値化主義で割り切れないものこそ、人間にとって本当に大切なものなのだ」、そして、「それはちっぽけなものではなくて、われわれを一呑みにする巨大で深遠なものなのだ」ということである。

ウィトゲンシュタインの「人は、語りえないものについては、沈黙しなければならない」(Wovon man nicht sprechen kann, darüber muß man schweigen) ということばこそを、現代人は深く味わうべきではないか。

最晩年、61歳のウィトゲンシュタイン。(*L.W.*)

ウィトゲンシュタイン略年譜

（本書と関係ある事項を中心にまとめた。彼はいろいろな場所を頻繁に訪れているが、ここではそのうちのごく一部にしか言及していない。また、その著作などの記載についても、本書とかかわりのあるもののみに限定した。）

一八八九年、四月二六日、誕生
八人兄姉の末っ子として、ウィーンのユダヤ系実業家カール・ウィトゲンシュタインの家に生まれる。

一九〇二年　一三歳
兄ハンスが自殺。

一九〇三年　一四歳
リンツのオーストリア＝ハンガリー帝国国立高等実科学校に入学。このときまでは家庭で教育を受ける。

一九〇四年　一五歳
兄ルドルフが自殺。

一九〇六年　一七歳
ベルリンのシャルロッテンブルクにある工科大学に入学。

一九〇八年　一九歳

夏、英国ダービーシャーの上層気象観測所で凧による航空工学上の実験をする。
秋、マンチェスター大学工学部の特別研究生となる。
一九一一年　二二歳
フレーゲにラッセルのところに行くことを勧められる。
一九一二年　二三歳
二月、ケンブリッジ大学のトリニティー・カレッジに入学。ラッセル、ムーア、ケインズらと知り合う。
一二月、モラル・サイエンス・クラブで初めての発表。題目は「哲学とは何か」。
一九一三年　二四歳
一月、父カールが舌癌で死去。厖大な財産を相続する。
八月、友人ピンセントとノルウェーに旅行。
一〇月、一人でふたたびノルウェーのショルデンに向かう。そこで論理学についての思索に没頭。
一九一四年　二五歳
三月、ムーアがウィトゲンシュタインをショルデンに訪ねる。
七月、オーストリアで文芸誌『ブレンナー』の編集者フィッカーと会い、父親の死去にさいして相続した遺産のうちから十万クローネを、恵まれないオーストリアの芸術家に贈ることを相談する。この恩恵に与った芸術家のなかには詩人のトラクルやリルケがいる。第一次世界大戦勃発。

八月、義勇兵として志願。要塞砲兵連隊に登録される。『草稿』の最初の部分が書かれる。

九月、偶然にトルストイの『要約福音書』と出会う。

一一月、トラクルを訪問するが、彼は多量のコカインを飲んだのが原因で、すでに三日前に死亡していた。

一九一六年　二七歳
六月、ブルシーロフ攻勢と呼ばれるロシア側からの反撃を受け、激戦を体験。これにより『草稿』の内容が宗教的色彩をおびるようになる。

一〇月、建築家のエンゲルマンと知り合う。

一九一八年　二九歳
夏、休暇をウィーンなどで過ごす。このころ前期の主著『論考』が事実上完成。

一〇月、兄クルトが前線でピストル自殺。

一一月、イタリア軍の捕虜となる。第一次世界大戦終わる。

一九一九年　三〇歳
一月、捕虜収容所で、教師のヘンゼルやバラックと知り合いになる。彼らの影響で教師になることを考える。彫刻家のドロービルとも知り合う（のちに彼のアトリエで少女の頭像をつくることになる）。

八月、復員。全財産を放棄し、兄パウルと姉ヘルミーネとヘレーネに譲与する。

九月、教員養成学校へ入る。このころ『論考』の出版のために奔走するが、どこも出版を拒否。
一二月、ラッセルとオランダのハーグで会い、『論考』の内容を説明。

一九二〇年　三一歳

八月、クロスターノイブルクの修道院で庭師の助手をつとめる。
九月、トラッテンバッハの小学校の臨時教員となる。これ以後一九二六年まで、六年にわたりオーストリアの寒村で教鞭をとることになる。

一九二一年　三二歳

秋、『論考』が独文で『自然哲学年報』に掲載される。

一九二二年　三三歳

一一月、『論考』が、今度は独英対訳で出版される。また、ライデマイスターがセミナーで『論考』を取り上げ、シュリックたちに感銘を与える。
一二月、小学校の本教員となる。

一九二四年　三五歳

一一月、『小学校のための辞書』の出版を計画。

一九二六年　三七歳

四月、体罰を加えた子供が気を失い、これが原因で教職を辞すことになる。修道院にはいることを考える。「慈悲の修道士会」の修道院で庭師の助手をつとめる。
六月、母親レオポルディーネが死去。『小学校のための辞書』出版。

秋、ウィーンで、姉ストンボロウ夫人の邸宅の建築に従事しはじめる。

一九二七年　三八歳

二月、姉マルガレーテの家で初めてシュリックと会う。ドロービルのアトリエで少女の頭像を制作。

一九二八年　三九歳

三月、数学者ブラウワーの講演を聴いて心を動かされる。これが哲学に復帰する原因の一つとなる。

一一月、ストンボロウ邸完成。

一九二九年　四〇歳

一月、ふたたびケンブリッジへ行く。

二月、『論考』を学位論文として提出。

六月、博士号を取得。

一一月、倫理（学）について講演する（「倫理学講話」）。

一九三〇年　四一歳

一二月、トリニティー・カレッジの特別研究員に選出される。期間は五年間。

一九三一年　四二歳

夏、フレーザーの『金枝篇』についての考察（「フレーザー『金枝篇』について」）を書きはじめる。

一九三四年　四五歳
パスカル夫人についてロシア語を習いはじめる。
一九三五年　四六歳
夏、ソ連に行く計画をたてる。ケインズに頼みこんで、駐英ソ連大使に紹介状を書いてもらう。
九月、ソ連旅行。
一九三六年　四七歳
一〇月、ケンブリッジにもどる。
一一月、後期の主著『哲学探究』を書きはじめる。
一九三七年、四八歳
一月、パスカル夫人やムーアに「告白」をする。
一九三八年　四九歳
二月、ヒットラー、ドイツ統帥権を掌握。
三月、ドイツがオーストリアを併合。このとき英国籍を選ぶ。
夏、宗教的信念について講義する（「宗教的信念についての講義」）。
一九三九年　五〇歳
二月、ムーアの後任としてケンブリッジ大学教授に選出される。
四月、英国籍を取得。
九月、第二次世界大戦勃発。

一九四一年　五二歳
一一月、ロンドンの病院でボランティアとして働く。
一九四三年　五四歳
四月、医師グラントと共にニューキャッスルの病院に移る。彼の実験助手として働く。
一九四五年　五六歳
五月、ドイツが無条件降伏。
一九四七年　五八歳
春学期の講義が最終講義となる。
一二月、正式にケンブリッジ大学教授を辞任。
一九四九年　六〇歳
七月、アメリカにマルコムを訪ねる。
一〇月、英国へ帰国。病気で倒れる。
一一月、前立腺癌と判明。『哲学探究』完成。
一九五一年　六二歳
二月、病状悪化のため主治医ベヴァンの家に移る。
四月二九日朝、死去。
五月一日、セント・ジャイルズ共同基地にカトリック様式により埋葬される。
一九五三年

『哲学探究』出版。

〔この年譜の作成にあたり、『小事典』に付されている年譜を参照した。〕

宗教者としてのウィトゲンシュタインをさらに知るための読書案内

※『宗教者ウィトゲンシュタイン』で紹介した文献の多くが入手困難になっている状況に鑑みて、一九九〇年以降に出版された書籍のみを紹介する（出版年順）。

A　ウィトゲンシュタイン自身の日記とテキストの研究書

・鬼界彰夫『ウィトゲンシュタインはこう考えた――哲学的思考の全軌跡　1912-1951』講談社現代新書、二〇〇三年。

・L・ウィトゲンシュタイン（I・ゾマヴィラ編）『ウィトゲンシュタイン　哲学宗教日記』鬼界彰夫訳、講談社、二〇〇五年。

・L・ウィトゲンシュタイン『ウィトゲンシュタイン　秘密の日記――第一次世界大戦と「論理哲学論考」』丸山空大訳、春秋社、二〇一六年。

B　宗教者／否定神学者としてのウィトゲンシュタインと関係の深い著作

・黒崎宏『「語り得ぬもの」に向かって――ウィトゲンシュタイン的アプローチ』勁草書房、一九九一年。

・B・マクギネス『ウィトゲンシュタイン評伝――若き日のルートヴィヒ　1889-1921』藤本隆志ほか訳、法政大学出版局、一九九四年。

・R・モンク『ウィトゲンシュタイン――天才の責務（1・2）』岡田正勝訳、みすず書房、一九九

九四年。
・N・マルカム『ウィトゲンシュタインと宗教』黒崎宏訳、法政大学出版局、一九九八年。
・星川啓慈・松田真理子『統合失調症と宗教――医療心理学とウィトゲンシュタイン』創元社、二〇一〇年。
・星川啓慈『宗教哲学論考――ウィトゲンシュタイン・脳科学・シュッツ』明石書店、二〇一七年。

C　主としてウィトゲンシュタインの「言語ゲーム論」を宗教研究に応用した著作

・星川啓慈『言語ゲームとしての宗教』勁草書房、一九九七年。
・G・A・リンドベック『教理の本質――ポストリベラル時代の宗教と神学』田丸徳善監訳、ヨルダン社、二〇〇三年。
・星川啓慈『宗教と〈他〉なるもの――言語とリアリティをめぐる考察』春秋社、二〇一一年。
・A・キートリー『ウィトゲンシュタイン・文法・神』（文庫版）星川啓慈訳、法藏館、近刊。

増補版へのあとがき

一九八八年四月に、筆者はケンブリッジにあるウィトゲンシュタインの墓所を訪れた。多くの研究書に書かれているように、「Ludwig Wittgenstein 1889–1951」としか刻まれていない簡素な墓石は、筆者の心を強く打った。当時の墓守が上手に形容したように、それはまさしく、「Wittgenstein-like」(ウィトゲンシュタイン自身のよう)な簡素な墓であった。帰国してからしばらくするうちに、「彼の宗教的側面についてまとめたい」という気持ちが強くなった。そこで、法藏館の中嶋廣氏にご相談申し上げたところ、快諾してくださり、ささやかな旧著が生まれることになった。

それから四半世紀以上たった二〇一四年三月、筆者は松野智章氏と渡辺隆明氏とともに、ノルウェーのショルデンにある、ウィトゲンシュタインの「小屋」の跡に立つことができた。黒崎宏先生が彼の「壮絶な生き方の一端にふれた」という「無遠慮に他人の接近を拒絶できる場所」に立ったのである。『論理哲学論考』(以下『論考』とも表記)や『哲学探究』（以下『探究』とも表記）の誕生と深いかかわりのある場所から、切り立った山々、これらに囲まれた深い湖、ショルデンの街を一望できて、感激もひとしおであった。そのときの模様は、本書に掲載されている写真、および、「ウィトゲンシュタインのノルウェー」（YouTube）という動画に収められている。

筆者はそのときの名状しがたい思いとインスピレーションを胸に秘めつつ帰国した。その後、「『論考』を否定神学の著書として正面から捉えてみよう」という気持ちが強くなり、ノルウェー紀行でえた種々の成果もおりこみながら、二〇一七年に「独創的な〈否定神学〉の著作としての『論理哲学論考』」という長文の論文をまとめた（『宗教哲学論考』所収）。これこそが、旧著の「むすび」で言及するにとどまった「否定神学」の集大成である。

†

時間がたつのは早いもので、『宗教者ウィトゲンシュタイン』を上梓して、今年でちょうど三十年になる。出版当時、本書については賛否両論あった。奥雅博氏からは手厳しく批判されたが、黒崎宏先生や橋爪大三郎氏からは好意的な評価をいただいた。筆者の率直な意見を述べると、手前味噌になるが、時間の経過とともに筆者の主張の正当性が（修正箇所はあるにせよ）証明されることになったと思う。

旧著の出版は一九九〇年であるが、その後におこった、本書と関連の深い二つの出来事をあげたい。それは、当時（ほとんど）まったく知られていなかった、ウィトゲンシュタインの二つの「日記」が発見され、出版されたことである（また、彼の二冊の伝記、B・マクギネスの『ウィトゲンシュタイン評伝』とR・モンクの『ウィトゲンシュタイン』の出版も、彼の人間性の論述に多くの紙幅を割いている）。

その二つの「日記」とは以下のものである。

(1)一九九三年、いわゆる「コーダー遺稿」といわれるもののなかに、一冊の日記帳があることが知られるようになった。これは、二〇〇五年、鬼界彰夫氏によって『ウィトゲンシュタイン　哲学宗教日記』として翻訳・出版された。この日記の公刊によって、彼の宗教的側面に決定的な光があたるようになった（第五章参照）。氏は、その解説で、『論考』については「『論考』全体を一個の著述行為としてみるなら、それは沈黙律を唯一の教説とする公の宗教的行為に他ならないのである」と述べている。筆者のことばでいうと、『論考』は「否定神学」の書物なのである。

さらに、氏は『探究』については「『哲学探究』という記念碑的著作は、この〔日記に書かれた〕宗教の歩みの結果としてのみ生み出されたのである。これこそが日記が我々に与える最大の驚きである」と論じている。『探究』の執筆を開始した時期と、『哲学宗教日記』の執筆を開始した時期とはほぼ同時期である——一九三六年の一一月ごろ。「哲学者」としてのウィトゲンシュタインの背後には、「宗教者」としての彼がおり、宗教者としての彼が哲学者としての彼に大きな影響をあたえたがゆえに、『探究』が生まれたといえよう。

(2)二つめの「日記」は、第一次世界大戦に「従軍中」のウィトゲンシュタインが書いたものであり、現在『草稿一九一四—一九一六』（以下『草稿』とも表記）として知られる文章と同時に並行して書かれたものである（第四章参照）。一冊のノートの右側のページに『論考』につながる論理学的・哲学的事柄が書かれ、左側のページに赤裸々な自分の姿を記録した「秘密の」事柄が書かれている。『草稿』（右側のページの書き込み）を編集して出版した編集者たちは、この左側の書き込みを知っていたにもかかわらず、故意にそれを公刊しなかった。

しかし、W・バウムという研究者が、偶然からこの左側のページの書き込みをコピーし、紆余曲折をへて一九九一年に『秘密の日記　一九一四—一九一六』として出版した（ただし、テキストとしては問題がある）。この日記は、二〇一六年に、丸山空大氏による綿密な校訂作業をへて、『ウィトゲンシュタイン　秘密の日記』として翻訳・出版された（世界初の完全版の翻訳）。

この日記は、第一次世界大戦と「兵士」(砲兵)としてのウィトゲンシュタインのことを知らなければ、「何のことを書いているのか」「どうしてこんなことを書くのか」を理解できない。それゆえ、筆者は彼自身の日記の紙幅よりもかなり多くの紙幅をついやして、石神郁馬氏と共同で、第一次世界大戦と「兵士」としてのウィトゲンシュタインとについて長大な解説を書いた。中村昇氏は、この解説によって「『論理哲学論考』のもろもろの謎が見事に解きあかされる」と評価してくださった。実は、この兵士としての生活が「宗教者ウィトゲンシュタイン」に決定的な影響を及ぼしたのだ。さらにいえば、この大戦に「兵士」として彼が参戦していなければ、「宗教者」「否定神学者」としての彼は存在しなかったであろう。

『草稿』の「一九一六年六月一一日」に「神と生の目的とに関して私は何を知るか」で始まる書き込みがあり、この日から『草稿』の趣がかわり、倫理や宗教についての論述が始まる。そして、この一連の論述こそが『論考』の命題番号「六・四」以降を構成する文章となる。研究者にとっては、「この〈六・四〉を境とする前後をいかに整合的に読み解くか」が問題となり、多くの研究者がこの問題と取り組んだ。

マクギネスが『ウィトゲンシュタイン評伝』の目立たない註でこの日付に言及しているものの、日本の研究者は(おそらく)だれも問題にしていない。だが、この日付は、以下に示すように、きわめて重要であり、かつ、この日付には不可解な問題がある。

筆者がノルウェーのウィトゲンシュタイン・アーカイブズで撮った写真（本書一二三頁）の日付は「六月一一日」ではなく、「七月一一日」なのである。出版されるさい、編集者によって書き換えられたのだ。さらに、この日付はウィトゲンシュタイン自身の書き込みだが、この日付が正しいとは限らない（間違いである可能性が高い）。筆者は、「七月上旬」にこの日記が書かれたと推測するが、この日付をめぐる謎については、彼が直面していた凄まじい戦場の状況を精査することと、『草稿』と『秘密の日記』の書かれ方を詳細に比較することとで、おそらく一冊の本が書けるであろう。

日記のその日付の確定はできないとしても、そのころ「ブルシーロフ攻勢」（一九一六年六月四日から九月二〇日まで）というロシア側からの猛反撃があり、ウィトゲンシュタインは激戦を体験し、九死に一生をえた。わずか三か月余りの戦闘で、一〇〇万人から一五〇万人の死傷者をだしたほどの、戦史に名をのこす激戦である。

実は、ウィトゲンシュタインが体験したこの一連の激戦が『論考』の性格を決定づけたのだ。このことについては、中井久夫氏が的確に述べているように、「それまでの論理哲学的探究は、一見そのままでありながら根本的な価値転換、つまり〝語りうるものの優位〟から〝語りえないものの優位〟へという逆転」を起こしたのである。その「語りえないもの」というのが神・宗教・倫理のことなのだ。筆者のことばでいえば、『論考』は「論理的・哲学的論文」（ウィトゲンシュタイン自身による『論考』の原題）から、「否定神学の著書」へと「逆転」し、「根本的な価値転換」が生じたのである。

　このころの『秘密の日記』にはいかなる書きつけがあったのだろうか。それを少しだけ見てみよう。ブルシーロフ攻勢が開始される前の五月二九日は「ああ、僕の霊〔精神〕がもっと強かったなら！！！　今こそ、神は僕とともに！　アーメン」という文章で終わっている。そして、攻勢が開始される前後には（おそらく死と隣り合わせの状況にまきこまれていたために）書きつけはなく、ようやく七月六日になって、「神は僕とともに」という短い書き込みが登場する。ちなみに、『草稿』も五月二二日から六月一〇日（実際には七月上旬）まで、何も書かれていない。

　われわれが留意すべきは、次の七月六日と七日の書き込みである。筆者の見解をズバリというと、この七日の書き込みが、『論考』の性格を決定づけたのである。そこにはこう書かれている。

　先月は、〔ブルシーロフ攻勢による〕大変な辛苦があった。僕はあらゆる可能な事態についてたくさん考えた。しかし、奇妙なことに、自分の数学的な思考過程と繋がりをつけることができない。（六日）

しかし、繋がりはつけられるだろう！　言われえないことは、言われえないのだ！
（七日、傍線原著者）

『論考』の「序文」にはどのように書かれているか、読者はご存じであろう。そこでは「およそ言いうるものは明瞭に言いえ、語りえないものについては沈黙しなければならない」と格調高く宣言されているのだ。そして、これこそが、ウィトゲンシュタイン自身によって『論考』の「核心」とされるものである。筆者は、ここに「否定神学者」としての彼をみる。

さらに先述したように、「神と生の目的とに関して私は何を知るか」ではじまる『草稿』の書き込みが、筆者の主張のように「七月上旬」だとすれば、『秘密の日記』の七月六日・七日の書き込みとの連続性／関連性も腑に落ちるであろう。ちなみに、七月八日の『草稿』は「神を信じるとは、生の意義に関する問いを理解することである」という書き出しで始まっている。

†

ここで一言、「宗教者ウィトゲンシュタイン」という表現について述べておきたい。筆者は、彼が「聖人のような人間」であったとは思わない。それは『秘密の日記』を読むだけでも一目瞭然であるし、彼がその生涯において「聖人」というにはほど遠い言動をおこなっていたことは周知の事実である。それでも、ウィトゲンシュタインには、本書で詳述したように、「神・宗教を志向する傾向」がきわめて強かったことは否定できない。筆者は、彼の生涯の多くの局面で見られるそうした傾向をさして「宗教者」というのである。

筆者は、「宗教者」としてのウィトゲンシュタインを彼の生涯を通じて描きたかった。だが、それはあまりにも厖大な時間とエネルギーを必要とし、現在の筆者がおかれた状況に鑑みると、残念ながら、これはあきらめざるをえない。この増補版でも、最晩年のことばもいろいろと引用したが、基本的に二十五歳くらいから四十七歳くらいまでの「宗教者ウィトゲンシュタイン」しか描くことができなかった。だが、筆者としては「これで良し」とする。なぜなら、ここで書いたことは、六十二歳で亡くなったウィトゲンシュタインの生涯を通して、本質的にはまったく変わらなかったように思うからである。「はじめに」にある晩年の『断章』からの引用も想起していただきたい。

†

最後に、「人は、語りえないものについては、沈黙しなければならない」について、一般にはそれほど知られていないことを紹介しておきたい。読者の多くは、このことばがもつ響きに感動し、「ウィトゲンシュタインは最初からこのことばを『論考』を締めくくることばとして考えていた」と思っているのではないか。実は、まったく違うのである。

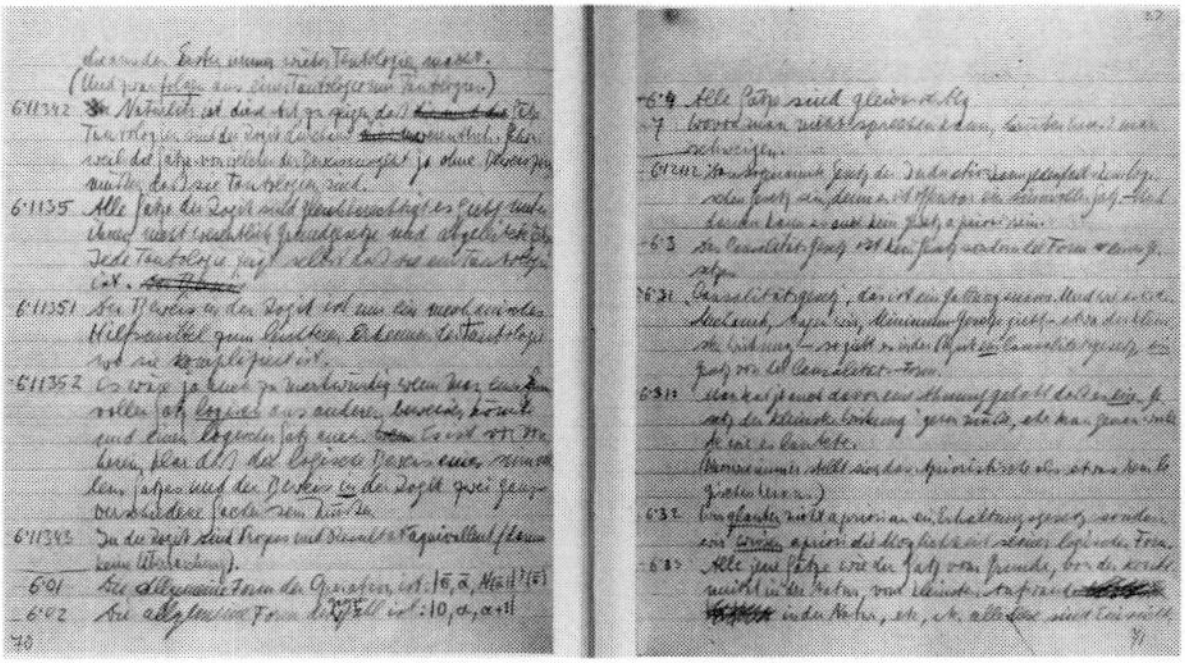

『原原論考』の手稿とそれにふられた命題番号。右頁の１行目には「6．4　あらゆる命題は等価値である」、２行目から3行目にかけては「7　人は、語りえないものについては、沈黙しなければならない」と書かれている。（B.F. McGuinness ed. *Prototractatus: An Early Version of Tractatus Logico-Philosophicus*, Routledge & Kegan Paul Ltd., 1971より）

『論考』は何度も書き直されながら完成された著作である（鬼界彰夫『ウィトゲンシュタインはこう考えた』参照）。これに先立つものにマクギネスたちが編集した『原論考』（一九七一年）という著作がある。副題は「『論理哲学論考』の早期版」である。これは、(1)「戦地用鉛筆」で書かれたいわば『原原論考』があり、(2)これに命題番号をふって、(3)その番号にしたがって手書き原稿を並べかえたものである。『論考』と『原論考』はだいたい同じものである。

だが、驚くべきは、手書き原稿における「命題番号七」は最後ではなく、『原原論考』の中ほどにひっそりと埋め込まれているのである（写真参照）。つまり、合計一二一頁ある手書き原稿の七一頁目の二行目から三行目に書かれているのだ。これは、「命題番号七」は『論考』を完成する過程の最終段階において『論考』の最後におかれたことを意味する。

さらに、そのことばの前には、「六・四」と番号がふられており、その文は「あらゆる命題は等価値である」というものである。なんと、これも『論考』の「六・四」に対応している。本書の核心にあるこれら二つの命題の裏には、こうした興味深い事実もあるのだ。この事実は何を意味するのか——答えは誰にもわからない。それでも、『論考』読解の鍵をにぎる、これら二つのことばの位置を動かしたウィトゲンシュタインの「思い」だけは汲みとれるのではないか……。

†

今回の増補版の出版にさいしては、以下のような形で大幅な「増補」をおこなった。旧著と比較して、「宗教者」としてウィトゲンシュタインを捉える筆者の立場は、三十年前よりもはるかに説得力が増したと信じている。

(1)旧版が上梓されてから世に知られることになった、二つの日記にかかわる第四章と第五章を新たにくわえた。

(2)第四章と第五章に連動する、第二章の第一節と第三節を大幅に加筆した。

(3)ウィトゲンシュタインは、一方では、「神」については「語りえない」「沈黙せよ」といいながら、他方では、「神」や「霊」について頻繁に語りかけている。この「矛盾」を解明する終章をくわえた。

(4)旧著が出版されてからの研究もとりこみ、この増補版では全体をアップデートした。

最後に、編集の労をとっていただいたうえに、筆者の大幅な増補を理解してくださった、法藏館編集部の今西智久氏にこころから御礼申し上げます。

二〇二〇年四月二九日(ウィトゲンシュタインの七〇回目の命日に)

星川啓慈

〔謝辞〕『論考』の全命題の「系統樹」(本書九二―九三頁)を作成し、転載を承諾してくださった柴村登治氏、および、本書に写真の掲載を快諾してくださった渡辺隆明氏に感謝いたします。

星川啓慈（ほしかわ　けいじ）
1956年，愛媛県生まれ。1984年，筑波大学大学院哲学・思想研究科博士課程単位取得退学。その後，英国スターリング大学客員研究員。現在，大正大学文学部教授，同大学大学院比較文化専攻長。博士（文学）。専門は，宗教学・宗教哲学。主な著書に，宗教哲学三部作として，『言語ゲームとしての宗教』（勁草書房，1997年），『宗教と〈他〉なるもの――言語とリアリティをめぐる考察』（春秋社，2011），『宗教哲学論考――ウィトゲンシュタイン・脳科学・シュッツ』（明石書店，2017年）。訳書として，A. キートリー『ウィトゲンシュタイン・文法・神』（法藏館，近刊）など。監修書として『眠れなくなるほど面白い　図解　世界の宗教』（日本文芸社，2020年）。その他，訳書・編著書など多数。1990年，「日本宗教学会賞」受賞。

増補《ぞうほ》 宗教者《しゅうきょうしゃ》ウィトゲンシュタイン

二〇二〇年七月一〇日　初版第一刷発行

著　者　星川啓慈
発行者　西村明高
発行所　株式会社 法藏館
京都市下京区正面通烏丸東入
郵便番号　六〇〇-八一五三
電話　〇七五-三四三-〇〇三〇（編集）
〇七五-三四三-五六五六（営業）

装幀者　熊谷博人
印刷・製本　中村印刷株式会社

ISBN 978-4-8318-2612-1 C1110

い-1-1

地獄

石田瑞麿著

古代インドで発祥し、中国を経て、日本へとやってきた「地獄」。その歴史と、対概念として浮上することとなった「極楽」の歴史を詳細に論じた恰好の概説書。

1200円

く-1-1

王法と仏法
中世史の構図

黒田俊雄著

強靭な論理力と斬新な学説で中世史の構図を一変させ、「武士中心史観」にもとづく中世理解に鋭く修正を迫った黒田史学。その精髄を示す論考を収めた不朽の名著。

1200円

な-1-1

折口信夫の戦後天皇論

中村生雄著

戦後「神」から「人間」となった天皇に、折口信夫はいかなる可能性を見出そうとしていたのか。折口学の深淵へ分け入り、折口理解の新地平を切り拓いた労作。

1300円

あ-1-1

禅仏教とは何か

秋月龍珉著

仏教の根本義から、臨済宗・曹洞宗の日本禅二大派の思想と実践までを体系的に叙述。難解なその内容を、禅の第一人者が簡潔にわかりやすくあらわした入門書の傑作。

1100円

ほ-1-1

増補 宗教者ウィトゲンシュタイン

星川啓慈著

ひとつの孤独な魂が、強靭な理性と「神との和解」のはざまで悩みぬく。新発掘の二つの『日記』等をめぐる考察を縦横にもりこんだ、宗教学からの独創的アプローチ!

1000円

ア-1-1・2

評伝 J・Gフレイザー
その生涯と業績　上・下（全二冊）

R・アッカーマン著
小松和彦監修
玉井 暲監訳

大著『金枝篇』で世界に衝撃を与えた人類学者の画期的評伝。研究一筋の風変わりな日常から、出版をめぐる人間模様、悪妻とも評された妻との結婚生活まで。未公開書簡や日記も満載。

各1700円